AF316087

LÉON GAMBETTA

LÉON GAMBETTA (1838-1882)
d'après le médaillon de J. C. Chaplain.

LÉON GAMBETTA

PAR

JOSEPH REINACH

ORNÉ DE DEUX DESSINS

DE J. C. CHAPLAIN ET DE BENJAMIN ULMANN

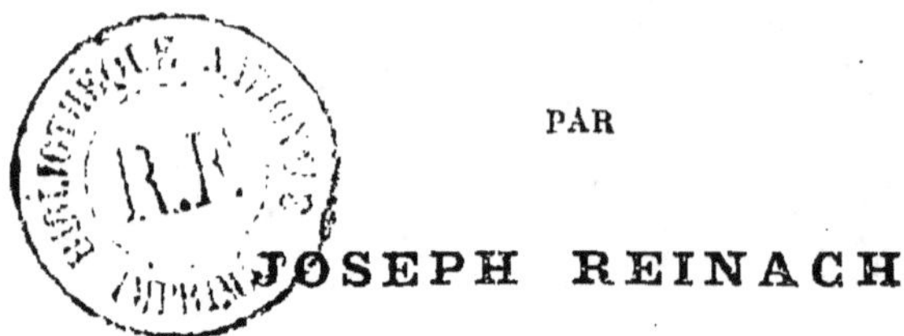

PARIS

ANCIENNE LIBRAIRIE GERMER BAILLIÈRE ET Cie

FÉLIX ALCAN, ÉDITEUR

108, BOULEVARD SAINT-GERMAIN, 108

LÉON GAMBETTA

I

SOUS L'EMPIRE.

Léon Gambetta naquit à Cahors le 2 avril 1838. Son père, originaire de Gênes, était épicier. Sa mère Orasie Massabie, descendait d'une vieille famille bourgeoise du Quercy. Il était par excellence un fils de ces *nouvelles couches sociales* dont il devait proclamer et diriger l'avénement avec tant d'éclat.

Après avoir fait de rapides et brillantes études d'abord au petit séminaire de Monfaucon, puis au lycée de sa ville natale, Léon Gambetta vint à Paris pour suivre les cours de l'École de droit et se livrer, selon le désir de sa mère qui lui avait appris à lire dans les œuvres d'Armand Carrel, à sa passion déjà dominante pour la politique. Inscrit au barreau en 1860, il débuta bientôt avec succès, mais sans se laisser éblouir par ses premiers triomphes oratoires, et continua à développer par d'immenses lectures une instruction qu'il sentait incomplète. On a beaucoup glosé sur les longues stations du jeune avocat au café Procope, et de nombreuses légendes plus ou moins inexactes ont couru sur *les années d'apprentissage* de Gambetta. On n'a presque rien dit du travail acharné auquel il s'appliqua sans relâche dans le modeste appartement que tenait son excellente tante et où il ne recevait que des amis d'élite. C'est pourtant ce labeur passionné et méthodique à la fois qui sera digne de fixer un jour l'attention d'un véritable historien. Dans les cafés, à la conférence Molé dont il fut deux fois président, à la conférence du stage dont il fut le troisième secrétaire, Gambetta ne faisait guère qu'ouvrir une écluse aux pensées qui s'agitaient dans son ardent cerveau. Mais ce n'était que la moindre partie de son existence. Peu d'hommes sont entrés mieux armés que lui dans la vie publique. Et c'est lui-même qui s'arma. Il n'a réellement paru sur la scène qu'après avoir parachevé une éducation littéraire, historique, économique, politique et militaire qui faisait, dès 1865, l'admiration des vieux hommes d'État, de Thiers qui eut pour lui, de très bonne heure, un goût très vif, de Crémieux dont il fut le secrétaire favori, de Jules Favre. Il suivait avec assiduité les séances du Corps législatif, dont il rendit compte, pendant quelque temps, dans l'*Europe*. Il s'appliquait à connaître et à comprendre les hommes importants de tous les partis. Il voyagea deux fois en Orient, et ne voyagea pas en simple touriste. Il voulut toujours voir et savoir par lui-même, et méditant profondément sur les causes qui avaient fait échouer la tentative républicaine de 1848, il s'appliqua à dégager des nuages une conception claire et pratique de la démocratie.

Ce fut aux élections générales de 1863 que Gambetta fit son premier acte de politique un peu éclatant, en soutenant avec énergie dans le sixième arrondissement, qui était le quartier des Écoles, la candidature, simplement libérale, de Paradol. Il a toujours été très-fier de cet acte d'indépendance qui lui créa, dès lors, une place à part dans le camp républicain. Cette campagne n'a pas été moins caractéristique de son tempérament d'homme d'État et de sa ligne générale de conduite que ne le fut, quelques années plus tard, sa foudroyante intervention dans l'affaire Baudin.

Le procès Baudin porte la date du 14 novembre 1868. M. Pinard, ministre de l'intérieur, avait fait poursuivre devant la police correctionnelle MM. Challemel-Lacour, rédacteur en chef de la *Revue Politique*, Peyrat, rédacteur en chef de l'*Avenir National*, Delescluze, rédacteur en chef du *Réveil*, Charles Quentin, rédacteur du même journal, Duret, gérant du journal la *Tribune*, Gaillard père et fils, et Abel Peyrouton, « sous l'inculpation d'avoir tous les huit, à Paris, dans le but de troubler la paix publique et d'exciter à la haine et au mépris du gouvernement, pratiqué des manœuvres à l'intérieur. » Ces manœuvres résultaient du fait d'avoir ouvert une souscription pour élever un monument à l'héroïque représentant qui avait été tué sur les barricades de Décembre. Delescluze savait que Gambetta, véritable chef de la jeunesse française, avait plaidé avec un grand talent l'affaire des Sociétés secrètes, dite procès des 54, et l'affaire des correspondants mexicains. Il se souvenait que Gambetta avait gagné contre lui-même, en 1865, après un remarquable plaidoyer, un procès littéraire très-curieux qui engageait le droit de réponse. Il le désigna comme avocat l'avant-veille de l'audience. Les défenseurs des autres accusés étaient Crémieux, Clément Laurier, Jules Favre, M. Emmanuel Arago et M. Leblond.

L'attente de Delescluze ne fut pas trompée ; le discours de son jeune avocat fut un chef-d'œuvre :

Un pareil procès a-t-il jamais été agité à aucune époque parmi les hommes ? Non ! jamais ! Remontez jusqu'au temps d'Athènes, jusqu'au temps de Rome, cherchez s'il y a jamais eu un procès comparable à celui dont vous êtes saisis ? Quant à moi, je le dis avec toute l'énergie des forces qui vibrent dans mon être, j'ai beau interroger mes souvenirs, consulter l'histoire, jamais, non jamais, je n'ai rencontré un pareil duel entre le droit et le despotisme, entre la loi et la force, jamais je ne les ai vus si ouvertement ni si injustement aux prises dans cet éternel drame dont se compose l'humanité.

Je ne sais si je me fais illusion, mais il me semble que le dernier endroit pour soutenir de telles thèses, pour glorifier de tels attentats, c'est le prétoire du juge, car ici la loi seule doit parler et être entendue. Seule elle doit être l'intérêt et la passion du magistrat, puisque sans elle il n'y a rien de durable et de respecté, que toute certitude sociale disparaît, et qu'on aboutit fatalement à l'anarchie avec tout ce qu'elle entraîne de désordres et de lâchetés. Je me demande si c'est dans cette enceinte particulière du droit qu'il sera permis de me contredire ?

Rappelez-vous ce que c'est que le 2 Décembre ? Rappelez-vous ce qui s'est passé ? Les actes viennent d'être repris, racontés par M. Ténot, dans leurs épisodes navrants : vous avez lu ce récit, qui se borne aux faits et d'une impartialité d'autant plus vengeresse ; vous savez tout ce qu'il y a de sang et de douleurs, de larmes dans cette date ; mais ce qu'il faut dire ici, ce qu'il faut toucher du doigt, c'est la machination, c'est la conséquence, c'est le mal causé à la France, c'est le trouble apporté dans les consciences par cet attentat : c'est là ce qui constitue la véritable responsabilité. C'est cela seulement qui pourra vous faire apprécier jusqu'à quel point vous nous devez aide et protection quand nous venons honorer la mémoire de ceux qui sont tombés pour avoir défendu la loi et la Constitution qu'on égorgeait.

Oui ! le 2 Décembre, autour d'un prétendant, se sont groupés des hommes que la France ne connaissait pas jusque-là, qui n'avaient ni talent, ni honneur, ni rang, ni situation, de ces gens qui, à toutes les époques, sont les complices des coups de la force, de ces gens dont on peut répéter ce que Salluste a dit de la tourbe qui entourait Catilina, ce que César dit lui-même en traçant le portrait de ses complices, éternels rebuts des sociétés régulières :

Ære alieno obruti et vitiis onusti,
Un tas d'hommes perdus de dettes et de crimes,

comme traduisait Corneille. C'est avec ce personnel que l'on sabre depuis des siècles les institutions et les lois, et la conscience humaine est impuissante à réagir, malgré le défilé sublime des Socrate, des Thraséas, des Cicéron, des Caton, des penseurs et des martyrs qui protestent au nom de la religion immolée, de la morale blessée, du droit écrasé sous la botte d'un soldat.

Mais ici, il ne peut pas en être de la sorte ; quand nous venons devant vous, magistrats, et que nous vous disons ces choses, vous nous devez aide et protection. Ces hommes ont prétendu avoir sauvé la France. Il est un moyen décisif de savoir si c'est une vérité ou une imposture. Quand un pays traverse réellement une crise suprême, qu'il sent que tout va succomber, jusqu'à l'assiette même de la société, alors savez-vous ce qui arrive? C'est que ceux que la nation est habituée à compter à sa tête, parce qu'ils se sont illustrés par leurs talents et leurs vertus, accourent pour la sauver. Si je compte, si je dénombre, si j'analyse la valeur des hommes qui ont prétendu avoir sauvé la patrie au 2 Décembre, je ne rencontre parmi eux aucune illustration, tandis que de l'autre côté, je vois venir au secours du pays des hommes comme Michel de Bourges, Charras, morts depuis, — Ledru était déjà exilé, — et tant d'autres, pris dans l'élite des partis les plus divers: par exemple, notre Berryer, ce mourant illustre, qui, hier encore, nous envoyait cette lettre d'un homme de cœur, testament d'indignation qui prouve que tous les partis se tiennent pour la revendication de la morale.

Où étaient Cavaignac, Lamoricière, Changarnier, Leflô, Bedeau, et tous les capitaines, l'honneur et l'orgueil de notre armée ?

Où étaient M. Thiers, M. de Rémusat, les représentants autorisés des partis orléaniste, légitimiste, républicain, où étaient-ils ? A Mazas, à Vincennes : tous les hommes qui défendaient la loi ! En route pour Cayenne, en partance pour Lambessa, ces victimes spoliées d'une frénésie ambitieuse ! Voilà, Messieurs, comment on sauve la France ! Après cela, pensez-vous qu'on ait le droit de s'écrier qu'on a sauvé la société, uniquement parce qu'on a porté la main sur le pays ?

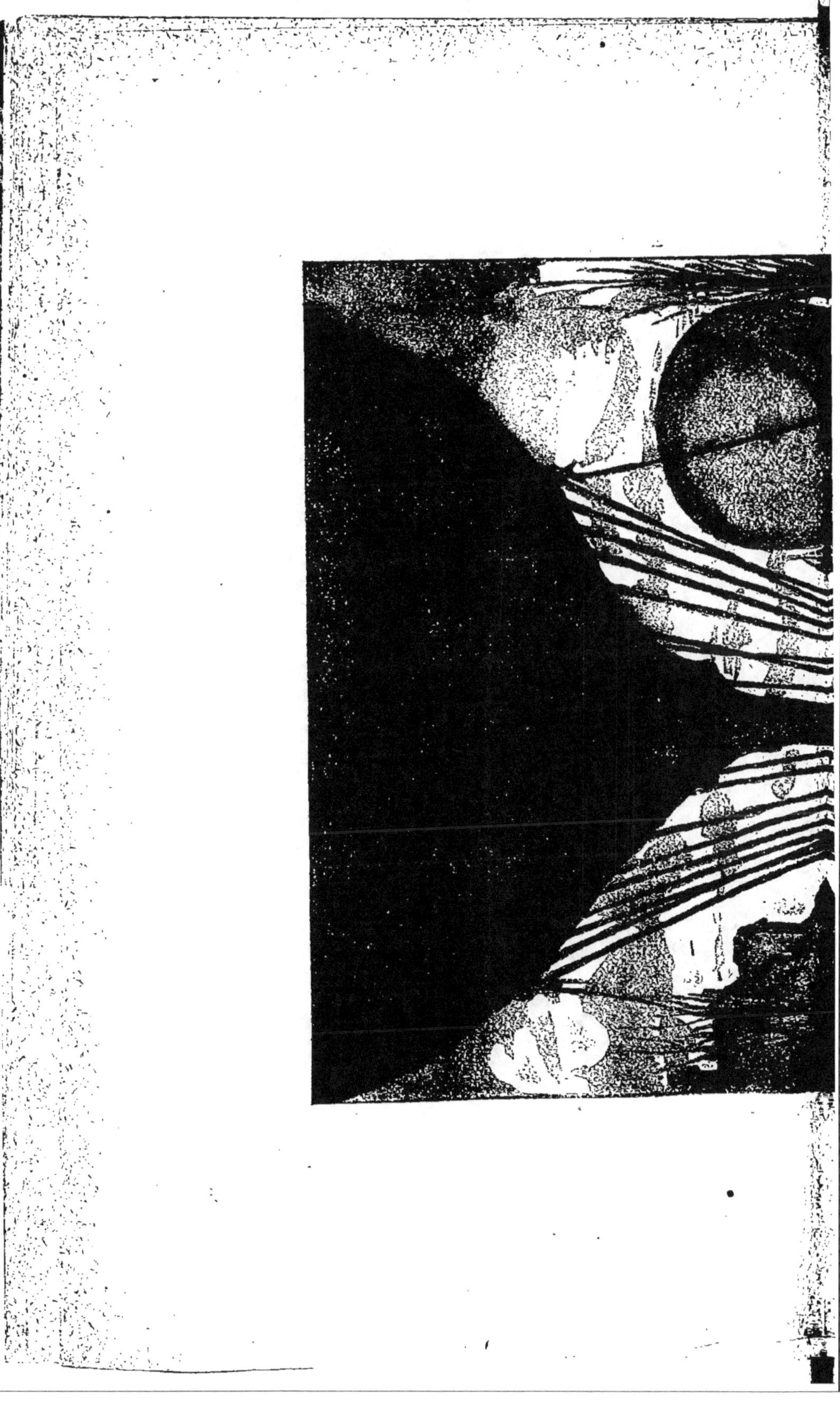

Gambetta quitte Paris en ballon pour organiser la Défense Nationale en province.
(Reproduction d'un dessin de Benjamin Ulmann.)

De quel côté était le génie, la morale, la vertu ?
Tout s'était effrondré sous l'attentat ! . . . . . .

Mais il y a déjà quelque chose qui juge nos
adversaires. Écoutez, voilà dix-sept ans que vous
êtes les maîtres absolus, discrétionnaires de la
France, — c'est votre mot ; — nous ne recherchons
pas l'emploi que vous avez fait de ses trésors, de
son sang, de son honneur et de sa gloire ; nous ne
parlerons pas de son intégrité compromise, ni de
ce que sont devenus les fruits de son industrie,
sans compter que personne n'ignore les catastrophes
financières qui, en ce moment même, sautent comme
des mines sous nos pas ; mais ce qui vous juge le
mieux, parce que c'est l'attestation de vos propres
remords, c'est que vous n'avez jamais osé dire : Nous
célébrerons, nous mettrons au rang des solennités
de la France le 2 Décembre comme un anniversaire
national ! Et cependant tous les régimes qui se sont
succédé dans ce pays se sont honorés du jour qui
les a vus naître. Ils ont fêté le 14 Juillet, le 10 Août ;
les journées de Juillet 1830 ont été fêtées aussi, de
même que le 24 Février ; il n'y a que deux anni-
versaires : le 18 Brumaire et le 2 Décembre, qui n'ont
jamais été mis au rang des solennités d'origine,
parce que vous savez que si vous vouliez les y
mettre, la conscience universelle les repousserait.

Eh bien ! cet anniversaire dont vous n'avez pas
voulu, nous le revendiquons, nous le prenons pour
nous ; nous le fêterons toujours, incessamment ;
chaque année, ce sera l'anniversaire de nos morts

jusqu'au jour où le pays, redevenu le maître, vous imposera la grande expiation nationale au nom de la liberté, de l'égalité, de la fraternité. (*S'adressant à M. l'Avocat impérial :*) Ah! vous levez les épaules!

M. L'AVOCAT IMPÉRIAL. — Mais ce n'est plus de la plaidoirie....

Mᵉ GAMBETTA. — Sachez-le, je ne redoute pas plus vos dédains que vos menaces. En terminant, hier, votre réquisitoire, vous avez dit : *Nous aviserons!* Comment! avocat impérial, magistrat, homme de loi, vous osez dire : « Nous prendrons des mesures! » Et quelles mesures ? Ne sont-ce pas là des menaces? Eh bien ! écoutez, c'est mon dernier mot : Vous pouvez nous frapper, mais vous ne pourrez jamais ni nous déshonorer, ni nous abattre !

Le plaidoyer pour Delescluze produisit un effet immense ; il retentit à travers toute la France comme un coup de canon. Jamais un plus terrible réquisitoire contre l'Empire n'avait été prononcé dans un plus magnifique langage. Jamais encore le régime de Décembre n'avait été dénoncé avec plus de colère à la haine de tous les amis du droit et de la justice. Ce fut réellement le signal avant-coureur de la chute prochaine des Bonaparte. « La veille du procès, écrivait M. Henri Brisson dans la *Revue politique,* on parlait de Sadowa, du Mexique, du pape. Le lendemain, on ne parla plus que du Deux-Décembre, et dévoilé, flétri dans son origine criminelle, l'Empire était condamné. » Léon Gambetta passa ainsi du premier coup au premier rang des républicains qui étaient l'espoir du pays. Berryer étant mort, les électeurs de Marseille offrirent sa succession à Gambetta. Le gouvernement impérial s'effraya et il fut décidé qu'à la veille des élections générales, toutes les élections partielles seraient ajournées.

Ce ne fut pour Gambetta qu'un très-court retard. Deux circonscriptions, la première du département de la Seine, et la première des Bouches-du-Rhône, l'envoyèrent au Corps législatif le 23 mai et le 6 juin 1869. Il fut élu à Marseille contre MM. Thiers, Ferdinand de Lesseps et Barthélemy, et à Paris, contre M. Carnot, comme candidat irréconciliable avec l'Empire.

Le principe directeur de mes opinions et de mes actes politiques, disait-il dans sa profession de foi aux électeurs de Belleville, c'est la souveraineté du peuple, organisée d'une manière intégrale et complète ; il faut tout lui rapporter et il en faut tout déduire, les institutions, les lois, les intérêts et les mœurs mêmes ; scientifiquement appliqué, ce principe peut seul achever la Révolution française, et fonder pour toujours l'ordre réel, la justice absolue, la liberté plénière, et l'égalité véritable.

Gambetta devint rapidement l'un des chefs de la minorité républicaine du Corps législatif. Recherché par tous ses collègues sans exception pour la grâce charmante de son esprit et l'irrésistible attrait de son talent, il était par excellence, et même aux heures de l'opposition la plus violente, l'homme de gouvernement dans son parti :

Il faut surtout, écrivait-il le 24 avril 1870, s'attacher à dissiper les calomnies dont on couvre nos doctrines et nos aspirations. Il faut dire, redire et prouver que, pour nous, le triomphe de la démocratie fondée sur les libres institutions, c'est la sécurité et la prospérité assurée, aux intérêts matériels, la garantie rendue à tous les droits, le respect de la propriété, la protection des droits sacrés et légitimes des travailleurs, l'amélioration et la moralisation des deshérités, sans atteinte, sans péril pour les favorisés de la fortune et de l'intelligence. Dites bien que notre passion, c'est uniquement d'amener la justice et la paix sociale parmi les hommes ; démontrez sans trêve, sans repos, que, seul entre tous les partis, le parti démocratique est réellement conservateur, libéral et progessif. Avec le triomphe de nos idées et seulement par ce triomphe, la France pourra clore l'ère des révolutions, et développer, au sein d'une démocratie régénérée et maîtresse d'elle-même, les admirables ressources de la patrie française.

Et dans une autre lettre de la même époque :

Je crois pouvoir résumer en deux lignes toute ma politique : faire prédominer la politique tirée du suffrage universel dans l'ordre intérieur aussi bien que dans la conduite des affaires extérieures ; pour tout dire, au point de vue des circonstances actuelles, prouver que la République est désormais la condition même du salut de la France au-dedans, et de l'équilibre européen.

Il avait dit de même dans sa profession de foi :

Démocrate radical, dévoué avec passion aux principes de liberté et de fraternité, j'aurai pour méthode politique, dans toutes les discussions, de relever et d'établir, en face de la démocratie césarienne, la doctrine, les droits, les griefs et aussi les incompatibilités de la démocratie loyale.

Et il tint parole dans ses actes comme dans tous les discours qu'il prononça depuis son entrée au Corps législatif, dans celui du 10 janvier 1870 où il dit aux ministres du prétendu Empire libéral et à leurs clients :

Vous n'êtes qu'un pont entre la République de 1848 et la République à venir, et ce pont, nous le passons.

Dans la magnifique harangue du 18 janvier, contre les prétentions insolentes de M. Ollivier à la confiance des républicains :

Il y a quelque chose que vous ne pourrez expliquer, pour la moralité française, c'est que votre changement d'opinion a coïncidé avec votre fortune.

Dans le charmant discours au banquet de la jeunesse, et surtout dans le discours du 5 avril contre le plébiscite. Ce jour-là, devant le ministère accablé, et au milieu de l'admiration générale de l'Assemblée pour le merveilleux génie de politique et d'orateur qui éclatait devant elle, Gambetta proclama sans ambages la République contre l'Empire. Il avait déjà dit le 10 janvier :

Ce que nous voulons, c'est qu'à la place de la monarchie, on organise une série d'institutions conformes au suffrage universel, à la souveraineté nationale ; c'est qu'on nous donne, sans révolution, pacifiquement, cette forme de gouvernement dont vous savez tous le nom : la République.

Il le répéta le 5 avril avec plus de force encore et d'éclat :

Oui, je dis qu'il faut faire du nouveau, et ne croyez pas que dans ces paroles il y ait une contradiction ou une espèce d'impiété filiale contre la Révolution française. A coup sûr, quand je dis qu'il y a une forme par excellence pour assurer la liberté, cette forme, vous ne me permettriez pas de la taire, parce qu'elle est sur mes lèvres, dans mon cœur, c'est **la** forme républicaine. Si elle n'a pas assuré l'ordre avec la liberté, est-ce que vous entendez que je le nierai, que je ne le confesserai pas ? En aucune façon.

Seulement je dis qu'en dehors de cette forme, qui est la seule qui soit corrélative, qui soit harmonique, qui soit, passez-moi un mot un peu scolastique, mais juste, qui soit adéquate au suffrage universel...

Oui, en dehors de la réalisation de la liberté par la République, tout ne sera que convulsion, anarchie ou dictature.

Il ne s'agira cependant pas de changer le mot, et peu m'importerait, quant à moi, que le premier magistrat de la République fût ou ne fût pas décoré du nom de président ou du nom de roi, si c'est toujours le même système, si c'est toujours la même législation, si c'est toujours la même exclusion de ceux qui ont le droit de participer à la direction des affaires publiques.

Non, non, je ne veux pas d'une république mensongère, je veux d'une république réelle, et si l'on ne l'a pas essayée, c'est une raison de plus pour le faire.

Et c'est ici qu'il est nécessaire de déclarer que la souveraineté nationale ne saurait exister que dans une certaine institution politique, et c'est cette preuve que je vous demande la permission d'essayer.

Q'est-ce que c'est que la souveraineté nationale ? Bien des gouvernements qui ne sont pas la République, bien des politiques qui appartiennent à des écoles différentes, ont dit, ont affirmé, ont prétendu qu'ils représentaient la souveraineté nationale : qu'y avait-il de fondé dans leurs prétentions ?

Il n'y a moyen de se rendre compte de la légitimité de leurs prétentions qu'en examinant le fond même de l'idée de la souveraineté nationale.

Pour moi, je la définis d'une façon expérimentale, et je dis : La souveraineté nationale n'existe, n'est reconnue, n'est pratiquée dans un pays que là où le parlement, nommé par la participation de tous les citoyens, possède la diretion et le dernier mot dans le traitement des affaires politiques . . . .

Eh bien il faut choisir entre les conditions, — oh! très dures ! — entre les conditions de combats, de luttes perpétuelles et de victoires nécessaires que font aux gouvernements les démocraties libres, et les quiétudes stériles et périlleuses de la monarchie. Mais si l'on veut être sincère, et si, lorsqu'on proclame la souveraineté nationale, on veut son application, il faut reconnaître que tout ce qui a aujourd'hui un caractère permanent et héréditaire dans le pouvoir est désormais caduc, et que l'exécutif monarchique, dynastique, est condamné à être éliminé, à être expulsé.

Voilà la vérité démocratique.

Il faut choisir entre le suffrage universel et la monarchie ; quand on fait de la politique et des institutions, il faut faire des institutions conformes aux principes qu'on veut faire triompher.

Quand vous ferez de la monarchie, entourez-vous d'institutions monarchiques.

Quand vous ferez de la république, et c'est un changement que je prends la liberté de recommander à ceux qui, au dehors et au dedans, pensent comme moi, faites des institutions républicaines. Cela est nécessaire, si vous voulez faire œuvre durable.

Mais si vous associez deux opinions jalouses l'une de l'autre, dont les intérêts sont manifestement contraires, attendez-vous à des conflits, attendez-vous à la neutralisation des forces vives du pays, à un duel insensé, et il faudra de deux choses l'une : ou que la liberté du suffrage et l'universalité du droit succombent devant les satisfactions et les désirs d'un seul, ou que la puissance d'un seul disparaisse devant la majorité du droit populaire.

Je me demande maintenant, Messieurs, jusqu'à quel point le sénatus-consulte ou la charte nouvelle qu'on propose correspond à ces idées, à ces principes fondamentaux de l'organisation démocratique, et je ne peux pas, en vérité, m'arrêter à cette objection qu'on nous faisait hier, à savoir : que lorsque le peuple a délégué sa puissance à un homme, Rousseau s'oppose à ce qu'il la reprenne. Rousseau a tort, Messieurs ; et quant à moi, je ne me fais aucune espèce de scrupule de déclarer hautement que les théories et les doctrines de ce grand esprit ne sauraient convenir aux théories, aux doctrines et aux espérances de la démocratie contemporaine.

Rousseau, — et c'est là peut-être l'explication de son avénement, en même temps que celui des disciples qu'il fit et rencontra sur les bancs de la Convention, — Rousseau, dis-je, écrivait contre un ordre de choses appelé l'ancien régime, qui avait été la concentration de la puissance du gouvernement dans les mains d'un seul, le tout fondé sur la grâce et le droit divin, et il était peut-être nécessaire de trouver un penseur et des hommes d'État qui, pour briser ce vieil appareil de la monarchie et de la centralisation de l'ancien régime, eussent, à leur tour, un principe et un esprit de gouvernement analogues dans leurs procédés, analogues dans leurs aspirations, et différents dans leurs résultats.

La politique tirée de l'Écriture sainte, étant le code véritable de l'ancienne monarchie, code si magnifiquement écrit par Bossuet, il était peut-être néces-

saire qu'un grand esprit, enivré du culte de l'anti-
quité, mît son éloquence passionnée de républicain
genèvois au service de la politique tirée du *Contrat
social.*

Mais aujourd'hui il faut bien avouer que la nation
francaise est complétement changée et que la démocratie n'y est plus seulement impartie : la démocratie,
elle est le soi-même de la France, elle est partout, et
par conséquent, ces théories et ces procédés anciens
ne sauraient lui convenir.

Le suffrage universel est son arche sainte ; c'est de
ce principe du suffrage universel qu'il faut désormais
faire découler toute la politique.

Il faut que, nous aussi, nous ayons un Code politique, et que ce Code politique soit intitulé : De la
politique tirée du suffrage universel.

Les avertissements de Gambetta furent
perdus pour le suffrage universel comme pour
le Corps législatif. Un ordre du jour de confiance fut voté au cabinet du 2 janvier et le
sénatus-consulte fut approuvé le 8 mai par
7,359,142 *oui*, contre 1,538,825 *non* et
112,975 bulletins nuls. L'appel des gauches à
la nation et à l'armée, à la veille du plébiscite,
avait été rédigé par Gambetta. Les députés
républicains disaient : « La Constitution qu'on

vous propose, c'est votre abdication qu'on vous demande. » Ce fut par l'abdication que le suffrage universel répondit, égaré et trompé une dernière fois par les hommes néfastes qui lui répétaient que l'Empire, c'était la paix.

II

LA DÉFENSE NATIONALE.

Le 15 juillet, le gouvernement impérial déclarait la guerre à la Prusse.

Le plaidoyer pour Delescluze avait révélé dans Gambetta l'orateur de premier ordre ; le discours contre le plébiscite avait montré dans le jeune tribun l'homme d'État le plus puissant de son parti : il apparut, à partir de l'ouverture des hostilités contre l'Allemagne, comme le plus admirable patriote de son pays.

D'abord, après avoir joint ses efforts les plus éloquents à ceux de Thiers pour obtenir du ministère une preuve, même la plus faible, que la France avait été réellement insultée par le roi de Prusse dans la personne de son ambassadeur, que cette guerre était vraiment une guerre nationale et non une guerre dynastique, Gambetta se sépara avec éclat de ceux de ses collègues qui refusèrent de voter les demandes de subsides. « Quand la guerre sera déclarée, avait dit Gambetta, nous ne verrons devant nous qu'une seule chose : le drapeau de la patrie. » Et en effet, il ne vit plus autre chose. Après les désastres de Wœrth et de Spickeren, s'il fut le premier à signer avec Jules Favre la demande d'un comité de gouvernement élu par le Corps législatif « pour repousser l'invasion étrangère, » — demande qui, si elle avait été adoptée dès le 10 août, aurait pu sauver la patrie, — Gambetta fut aussi le plus énergique à repousser avec colère les avances des démagogues qui ne cherchaient dans les malheurs de l'armée qu'une occasion de trouble et d'insurrection. L'échauffourée de la Villette fut flétrie par lui en termes indignés (séance du 17 août), et le ministre de la guerre n'eut pas d'avocat et même de collaborateur plus dévoué que lui, pour toutes les mesures qui avaient trait à l'organisation de la défense et à l'expulsion de l'étranger.

Il montait presque chaque jour à la tribune du Corps législatif pour y prononcer des paroles dont la sagesse et le patriotisme allaient droit au cœur de la France. Le 10 août, il réclama l'armement immédiat de la garde nationale ; le 12, l'armement immédiat de Paris ; le 13, la discussion et l'adoption de la proposition de Jules Favre :

Il faut savoir si, ici, nous avons fait notre choix entre le salut de la patrie ou le salut de la dynastie.

Puis ce fut lui qui annonça au Corps législatif l'entrée des Prussiens à Nancy (14) ; il demanda la permanence de l'Assemblée (15), réclama l'application énergique de la loi sur les étrangers (17), insista avec énergie pour le projet de loi relatif à l'activité des militaires de tous grades et la proposition des gauches de mettre le recrutement et l'armement de la garde nationale de Paris dans les attributions du général Trochu (27 et 29). Le gouvernement cachait les nouvelles de la guerre, il les réclama avec passion :

Savez-vous, Messieurs, ce que je pense? c'est que vous êtes tout à fait patriotes, mais aveugles, je le

dis dans la sincérité de mon âme. Eh bien! j'estime
que nous avons fait assez de concessions, que nous
nous sommes assez tus, qu'on a trop longtemps jeté
devant ce pays un voile sur les événements qui se
précipitent et fondent sur nous. J'ai la conviction intime que ce pays court vers l'abîme sans en avoir
conscience.

Il roula en effet au gouffre : l'armée, em-
prisonnée dans Sedan, fut livrée par l'Empe-
reur au Roi de Prusse.

Ce fut dans la nuit du 2 au 3 septembre que
le ministère reçut la première dépêche de la
capitulation de Sedan, et la nouvelle se répan-
dit le lendemain dans Paris. Le patriotisme de
Gambetta grandit avec le désastre. Compre-
nant à merveille quelle serait, en face de l'invasion triomphante, la faiblesse originelle
d'un gouvernement issu d'une insurrection, il
aurait voulu que le Corps législatif eût le courage de proclamer lui-même la vacance du
pouvoir et de nommer, en dehors de toute
préoccupation de parti, un gouvernement de
défense nationale. Thiers et Jules Favre eurent
le même sentiment, mais les efforts de ces
bons citoyens, qui étaient des politiques pers-

picaces, furent inutiles. Le Corps législatif ne sut pas se décider à temps ; le général de Pa-lıkao s'obstina à poursuivre une lieutenance chimérique de l'Empire, et cependant tout le peuple de Paris se mit en mouvement. Il n'y eut pas, à proprement parler, de révolution. Le Corps législatif fut envahi malgré les efforts de Gambetta, et l'Empire disparut. Lorsqu'il fut bien avéré que la majorité du Corps légis-latif perdait son temps à ne rien décider, Gam-betta s'élança à la tribune :

Citoyens ! attendu que la patrie est en danger; attendu que tout le temps nécessaire a été donné à la représentation nationale pour prononcer la dé-chéance ; attendu que nous sommes et que nous continuons le pouvoir régulier issu du suffrage uni-versel libre, nous déclarons que Louis-Napoléon Bonaparte et sa dynastie ont à jamais cessé de ré-gner sur la France.

La foule réclame la République. « Oui ! vive la République ! réplique Gambetta. Citoyens, allons la proclamer à l'Hôtel-de-Ville. » Et il partit au milieu d'une escorte enthousiaste de gardes nationaux. A l'Hôtel-de-Ville, ce fut lui qui proclama la République. Les députés de Paris se constituèrent en gouvernement de la Défense nationale sous la présidence du général Trochu, et le ministère de l'intérieur fut confié à Gambetta.

Il est impossible de résumer, dans le cadre étroit de cette notice, le rôle de Gambetta pendant la Défense nationale, à Paris d'abord, jusqu'au 7 octobre, alors qu'il renouvelait en quelques heures tout le personnel administratif, qu'il adressait au peuple les admirables proclamations du 23 septembre et du 3 octobre, qu'il insistait en vain pour la translation du gouvernement en province, — puis, à Tours et à Bordeaux, jusqu'au 6 février, lorsque s'étant échappé en ballon de Paris assiégé[1], il prit en main l'organisation de la résistance dans les départements et qu'il réussit à sauver l'honneur de la patrie, après avoir mérité d'en sauver l'intégrité. L'histoire de Gambetta pendant la Défense nationale, c'est celle de la

1. Dans le ballon l'*Armand Barbès*, avec M. Eugène Spuller, qui devait etre, à Tours et à Bordeaux, sans titre officiel, son collaborateur de tous les instants.

France même, de la France qu'il retira de sa prostration, qu'il électrisa par l'éloquence enflammée de ses discours, qu'il remplit pour quelques semaines de son enthousiasme et de son héroïsme, dont il fit enfin une nation armée qui disputa pied à pied le sol sacré du territoire contre les plus fortes troupes du monde. L'Europe fut émerveillée, et les militaires allemands, le général de Moltke le premier, rendirent à Gambetta le plus éclatant hommage. Ministre de l'intérieur, il avait réprimé toutes les tentatives factieuses, domptant la commune dans Lyon par son intervention hardie aux funérailles du commandant Arnaud, brisant la ligue du Midi par la vigueur d'une prompte répression, arrêtant les dissidences monarchistes par la dissolution des conseils généraux. Ministre de la guerre, il fit de la France un immense camp retranché et il lança coup sur coup, au secours de Paris, quatre armées. Quand Gambetta avait débarqué au milieu de la forêt d'Épineuse, près de Montdidier, la France manquait de tout. Un mois après, grâce au génie du jeune dictateur,

elle était debout et les Allemands vaincus éva-
cuaient Orléans.

Il avait débuté à Tours par une proclamation où il signalait aux citoyens des départements le double devoir d'écarter tout autre
souci que celui de la guerre à outrance et
d'accepter fraternellement, jusqu'à la paix, le
commandement du pouvoir républicain sorti
de la nécessité et du droit :

Le temps manque, disait-il ; j'ai mandat, sans tenir
compte ni des difficultés, ni des résistances, de sup-
pléer, à force d'activité, avec le concours de toutes
les libres énergies, à l'insuffisance des détails. Les
hommes ne manquent pas ; ce qui a fait défaut, c'est
la résolution, la décision, la suite dans l'exécution
des projets. Ce qui a fait défaut ce sont les armes...

Et il annonçait que l'on concluait des marchés pour accaparer tous les fusils disponibles
sur le marché du globe. Il peignait en traits
de feu ce qui était à faire pour mettre en
œuvre toutes les immenses ressources du pays,
pour inaugurer la guerre nationale :

La République fait appel au concours de tous. C'est sa tradition à elle, d'armer les jeunes chefs; nous en ferons !

Et il en faisait. A côté des d'Aurelle et des Faidherbe, il découvrit Chanzy, Billot, Clinchant, Farre, Crémer ; il prit à la marine Jauréguiberry, Jaurès, Gougeard :

Non, il n'est pas possible que le génie de la France se soit voilé pour toujours, que la grande nation se laisse prendre sa place dans le monde par une invasion de 500,000 hommes ! Levons-nous en masse, et mourons plutôt que de subir la honte du démembrement.

Et il formait les deux armées de la Loire, l'armée du Nord, l'armée de Normandie, l'armée des Vosges, l'armée de l'Est. Il avait accepté le concours de Garibaldi ; il reçut avec joie celui de Cathelineau, de Stofflet, de Charette. Il choisit l'ingénieur Charles de Freycinet pour son délégué à la guerre, le colonel Thoumas comme directeur de l'artillerie, et le général Loverdo comme directeur de l'infanterie et de la cavalerie. Clément Laurier conclut à Londres un emprunt de 250 millions. Il appela à lui toutes les forces, tous les courages, tous les patriotismes [1].

Mais le destin nous avait condamnés ; Metz capitule, tout semble perdu, et les plus vaillants désespérent. Gambetta, presque seul, ne se laisse point abattre :

Français ! s'écria-t-il dans une proclamation qui semble écrite de lave ardente, Français, élevez vos âmes et vos résolutions à la hauteur des effroyables périls qui fondent sur la patrie. Il depend encore de vous de lasser la mauvaise fortune et de montrer à l'univers ce qu'est un grand peuple qui ne veut pas périr et dont le courage s'exalte au sein même des catastrophes. Metz a capitulé ! Un général sur qui la France comptait, même après le Mexique, vient d'enlever à la patrie en danger plus de cent mille de ses défenseurs. Le maréchal Bazaine a trahi ; il s'est fait l'agent de l'homme de Sedan, le complice de l'envahisseur, et, au mépris de l'honneur de l'armée don

1. Les principaux commissaires de la République et préfets s'appelaient Challemel-Lacour, Testelin, Grosjean, Valentin, Gent, Paul Bert, Allain-Targé, Desseaux, Ténot, Lechevalier, Ricard, Martin Nadaud, Charton, La Forge, Pierre Lefranc, Girot-Pouzol, Cornil, Camescasse ; l'amiral Fourichon était ministre de la marine, M. de Chaudordy délégué aux affaires étrangères, M. Cazot secrétaire général à l'intérieur, M. Ranc directeur de la sûreté générale, M. Lecesne président de la commission d'armement, M. Steenackers directeur des postes et télégraphes, M. Isambert chargé du service de la presse.

il avait la garde, il a livré, sans même essayer un suprême effort, cent vingt mille combattants, vingt mille blessés, ses fusils, ses canons, ses drapeaux et la plus forte citadelle de France: Metz, vierge jusqu'à lui des souillures de l'étranger. Un tel crime est au-dessus même des châtiments de la justice...

Presque au lendemain de cet héroïque appel le général d'Aurelles de Paladines rentrait dans Orléans. Le mouvement militaire qui fut couronné par cette victoire avait été indiqué par Gambetta. Le ministre de la guerre avait même insisté pour que l'opération eût lieu quinze jours plus tôt, et il avait vu juste. Les retards nécessités par l'inutile voyage de Thiers à Versailles et l'hésitation du général d'Aurelles après la bataille, permirent à l'armée du prince Frédéric-Charles de rejoindre les Bavarois défaits et d'entrer en ligne. Orléans fut repris par les troupes allemandes, et dès lors la série des désastres, interrompue pendant quelques jours à Coulmiers et à Bapaume, recommença. Pourtant ni la perte de la bataille du Mans, ni la défaite de Saint-Quentin ne purent altérer la confiance inaltérable de Gambetta dans un retour final de la fortune. Les troupes, en effet, s'aguerrissaient à vue d'œil ; l'admirable retraite de Chanzy, la campagne de Faidherbe dans le Nord, des combats comme ceux de Dijon, Nuits et Villersexel, témoignaient que la France allait bientôt tenir une véritable armée.

Mais Paris affamé capitule, un armistice est signé à Versailles, l'armée de l'Est est perdue par l'erreur fatale de Jules Favre, le gouvernement de Paris convoque les électeurs pour la nomination d'une Assemblée nationale... Gambetta persiste à vouloir lutter. Tout en s'inclinant devant la décision qui convoque les électeurs pour le 8 février, la Délégation rend le fameux décret qui frappe d'inéligibilité tous ceux qui ont exercé sous l'Empire les fonctions de ministre, de sénateur, de conseiller d'État, tous ceux qui ont été présentés aux populations comme candidats officiels, qu'ils aient ou non réussi à se faire élire députés. Ce décret, dans lequel l'histoire verra une grande pensée de justice et de moralisation politique, fut accueilli par les vives protestations de M. de Bismarck. Le chancelier, « au nom de la liberté des élections stipulées par l'armistice » déclara que le scrutin, « dans de telles conditions d'oppression », ne pourrait créer une représentation légale du pays. Gambetta répond par quelques paroles indignées à cette immixtion de l'étranger dans nos affaires intérieures. Mais le gouvernement de Paris est dominé par d'autres sentiments ; il annule le décret de Bordeaux, et M. Jules Simon est envoyé auprès de la délégation, avec mission de faire exécuter dans sa plénitude le décret de convocation. Gambetta résiste avec énergie. M. Jules Simon s'obstine, il s'abouche avec des officiers, et alors, quand il devient évident que l'attitude de l'envoyé de Paris menace d'ajouter aux horreurs de la guerre étrangère la honte d'une lutte civile, Gambetta donne sa démission de tous les pouvoirs réunis en sa personne.

Il fut élu représentant dans neuf départements : à Paris, par 202,399 voix, par 56,621 dans le Bas-Rhin, par 51.917 dans le Haut-Rhin, par 57,047 dans la Moselle, par 47,211 dans la Meurthe, par 18,530 dans Seine-et-Oise, par 62,739 dans les Bouches-du-Rhône, par 12,425 à Alger, et par 6,142 à Oran. Il opta pour le Bas-Rhin et vota contre les préliminaires de paix (1er mars).

Quand le traité de démembrement eut été adopté par 516 voix contre 107, Gambetta signa la déclaration suivante, qui fut portée par M. Grosjean à la tribune de l'Assemblée nationale :

Les représentants de l'Alsace et de la Lorraine ont déposé, avant toute négociation de paix, sur le bureau de l'Assemblée nationale, une déclaration affirmant de la manière la plus formelle, au nom de ces provinces, leur volonté et leur droit de rester françaises.

Livrés, au mépris de toute justice et par un odieux abus de la force, à la domination de l'étranger, nous avons un dernier devoir à remplir.

Nous déclarons encore une fois nul et non avenu un pacte qui dispose de nous sans notre consentement.

La revendication de nos droits reste à jamais ouverte à tous et à chacun dans la forme et dans la mesure que notre conscience nous dictera.

Au moment de quitter cette enceinte où notre dignité ne nous permet plus de siéger, et malgré l'amertume de notre douleur, la pensée suprême que nous trouvons au fond de nos cœurs, est une pensée de reconnaissance pour ceux qui, pendant six mois, n'ont pas cessé de nous défendre, et d'inaltérable attachement à la patrie dont nous sommes violemment arrachés.

Nous vous suivrons de nos vœux et nous attendrons, avec une confiance entière dans l'avenir, que la France régénérée reprenne le cours de la grande destinée.

Vos frères d'Alsace et de Lorraine, séparés en ce moment de la famille commune, conserveront à la France, absente de leurs foyers, une affection filiale jusqu'au jour où elle viendra y reprendre sa place.

Bordeaux, le 1er mars 1871.

Signée : L. Chauffour, E. Teutsch, André, Ostermann, Schneegans, E. Keller, Kablé, Melsheim, Ball, Titot, Albrecht, Alfred Kœchlin, A. Saglio, Humbert, Kuss, Rencker, Deschange, Bœrsch, A. Tachard, Th. Noblot, Dornès, Ed. Bamberger, Bardon, Léon Gambetta, Frédéric Hartmann, Jules Grosjean.

Puis les députés de l'Alsace Lorraine quittèrent la salle des séances, le président de l'Assemblée restant muet au fauteuil. Le soir même mourait Kuss, le dernier maire français de Strasbourg, et ses obsèques, célébrées le lendemain au milieu d'une affluence énorme, permettaient à Gambetta d'adresser un suprême adieu à l'Alsace :

La force nous sépare, mais pour un temps seulement, de l'Alsace, berceau traditionnel du patriotisme français. Nos frères de ces contrées malheureuses ont fait dignement leur devoir, et, eux du moins, ils l'ont fait jusqu'au bout. Eh bien ! qu'ils se consolent en pensant que la France, désormais, ne saurait avoir d'autre politique que leur délivrance; pour atteindre ce résultat, il faut que les républicains, jurant à nouveau une haine implacable aux dynasties et aux Césars qui ont amené tous nos désastres, oublient leurs divisions et s'unissent étroitement dans la pensée patriotique d'une revanche qui sera la protestation du droit et de la justice contre la force et l'infamie.

Épuisé par les fatigues surhumaines de la Défense, Gambetta se rendit à Saint-Sébastien pour reprendre quelques forces et attendre les élections complémentaires qui lui permettraient de rentrer à l'Assemblée. Les événements des trois mois sinistres, mars, avril et mai, le plongèrent dans une profonde tristesse. Il flétrit hautement les excès et les crimes de la Commune.

III

LA POLITIQUE DE RÉGÉNÉRATION.

Les élections complémentaires ayant été
fixées au 3 juillet, Gambetta accepta une triple
canditature dans la Seine, le Var et les
Bouches-du-Rhône :

On pose aujourd'hui à la France, sous des noms
divers, la même question : veut-elle, une fois encore,
abdiquer et verser dans l'ornière des dynasties ?

Non, répondait le discours de Bordeaux,
(26 juin) et promettant à Thiers, sans mar-
chander, son appui le plus désintéressé, Gambetta ajoutait :

Je crois que, grâce à l'union faite entre les diverses
nuances de l'opinion républicaine, nous pouvons
donner à la France le spectacle d'un parti discipliné,
ferme en ses principes, laborieux, agissant et résolu

à tout pour arriver à convaincre la France de ses facultés gouvernementales, en un mot, un parti acceptant la formule: Le pouvoir au plus sage et au plus digne... Il faut donc être les plus sages.

Gambetta traçait ensuite les grandes lignes de sa politique : d'abord, il faut maintenir et appuyer la République, considérer quiconque la menace comme un factieux ; puis, il faut changer le caractère de l'opposition :

L'opposition, sous un gouvernement républicain, doit presser et contrôler et non détruire ; l'âge héroïque, chevaleresque du parti est passé depuis la réalisation d'une partie de ses espérances.

Enfin, pour achever la Révolution, il faut donner l'éducation à tous, car c'est l'infériorité de notre éducation nationale qui nous a conduits au revers :

Il faut que notre action soit double, qu'elle porte sur le développement de l'esprit et du corps, que dans que homme elle nous donne une intelligence réellement servie par des organes. Je ne veux pas seulement que cet homme pense, lise et raisonne je veux qu'il puisse agir et combattre. Il faut mettre partout, à côté de l'instituteur, le gymnaste et le militaire, afin que nos enfants, nos soldats, nos concitoyens soient tous aptes à tenir une épée, à manier un fusil, à faire de longues marches, à passer les nuits à la belle étoile, à supporter vaillamment toutes les épreuves pour la patrie. Il faut pousser de front ces deux éducations: autrement, vous ferez une œuvre de lettrés, vous ne ferez pas une œuvre de patriotes.

En un mot, rentrons dans la vérité, et que, pour tout le monde, il soit bien entendu que, lorsqu'en France un citoyen est né, il est né un soldat; et que quiconque se dérobe à ce double devoir d'instruction civile et militaire, soit impitoyablement privé de ses droits de citoyen et d'électeur. Faisons entrer dans l'âme des générations actuelles et de celles qui vont naître la pensée que quiconque, dans une société démocratique, n'est pas apte à prendre sa part de ses douleurs et de ses épreuves, n'est pas digne de prendre part à son gouvernement.

Par là, je le répète, vous rentrez dans la vérité des principes démocratiques, qui est d'honorer le travail, qui est de faire du travail et de la science les deux éléments constitutifs de toute société libre. Ah! quelle nation on ferait avec une telle discipline, religieusement suivie pendant des années avec les admirables aptitudes de notre race à produire des penseurs, des savants, des héros et de libres esprits! C'est en pensant à ce grand sujet qu'on s'élève vite au-dessus des tristesses du présent pour envisager l'avenir avec confiance.

Messieurs, je le dis avec orgueil, sur le terrain de

la science, la France peut soutenir la rivalité avec
le monde entier ; et, malgré l'affaiblissement du
niveau de l'esprit public, il est constamment, grâce
au ciel, resté dans notre pays une élite d'hommes
qui, tous les jours, ont reculé les limites de la science,
qui, tous les jours, ont avancé les progrès de l'esprit
humain : et c'est par là que la France, quels que
soient, quels qu'aient été les désastres qui ont accablé
le pays, reste le guide du monde.

Savez-vous ce qu'on disait, pendant la guerre, à
l'étranger ? « Il n'y a plus de livres ! » Et, en effet,
tout entière occupée à sa défense, la France ne pro-
duisait plus rien pour l'intelligence des peuples.

Mais, ce que je demande, c'est que de la science,
sortent des livres, des bibliothèques, des académies
et des instituts ; je demande que ceux qui la dé-
tiennent la prodiguent à ceux qui en ont besoin ; je
veux que la science descende sur la place publique
qu'elle soit donnée dans les plus humbles écoles.

Oui, on peut établir, preuves en main, que c'est
l'infériorité de notre éducation nationale qui nous a
conduits aux revers. Nous avons été battus par des
adversaires qui avaient mis de leur côté la prévoyance, la discipline et la science : ce qui prouve,
en dernière analyse, que, même dans les conflits de la
force matérielle, c'est l'intelligence qui reste maîtresse.
Et à l'intérieur, n'est-ce pas l'ignorance dans laquelle
on a laissé croupir les masses qui engendre, presque
à époque fixe, ces crises, ces explosions effroyables
qui apparaissent dans le cours de notre histoire

comme une sorte de mal chronique, à ce point qu'on pourrait annoncer à l'avance l'arrivée de ces vastes tempêtes sociales ?

« Oh ! il faut nous débarrasser du passé. Il faut refaire la France. » Hélas ! tel fut le cri qui, au lendemain de nos désastres, est sorti de toutes les poitrines. Pendant trois mois on a entendu ce cri sacré, illumination subite d'un peuple qui ne voulait pas périr. Ce cri, on ne l'entend plus. On n'entend plus parler aujourd'hui que de complots et d'intrigues dynastiques ; il n'est plus question que de savoir quel prétendant s'attribuera les débris de la patrie en péril. Il faut que cela cesse ; il faut écarter résolument ces scandaleuses convoitises et ne plus penser qu'à la France. Il faut se retourner vers les ignorants et les déshérités, et faire du suffrage universel, qui est la force par le nombre, le pouvoir éclairé par la raison. Il faut achever la Révolution.

Oui, quelque calomniés que soient aujourd'hui les hommes et les principes de la Révolution française, nous devons hautement les revendiquer, poursuivre notre œuvre, qui ne sera terminée que lorsque la Révolution sera accomplie ; mais j'entends, Messieurs, par ce mot : la Révolution, la diffusion des principes de justice et de raison qui l'inspiraient, et je repousse de toutes mes forces l'assimilation perfide, calculée, de nos adversaires avec les entreprises de la violence. La Révolution a voulu garantir à tous la justice, l'égalité, la liberté ; elle proclamait le règne du travail, et voulait en assurer à tous les légitimes fruits ; mais elle a subi des retards, presque des éclipses. Les conquêtes matérielles nous sont restées en partie, mais les conséquences morales et politiques sont encore à venir pour les plus nombreux : les ouvriers et les paysans; ces derniers, surtout, n'en ont retiré que des bénéfices matériels, précieux assurément, dignes de tous nos respects et de toute notre sollicitude, mais insuffisants toutefois à en faire de libres et complets citoyens.

Gambetta fut élu dans les trois départements où sa candidature avait été posée : il avait eu contre lui tous les royalistes sans exception et, parmi les républicains, tous ceux qui n'avaient pas encore compris la grandeur de la défense nationale en province et continuaient à voir en lui un fou furieux. Il avait eu pour lui tous les patriotes ardents et l'élite enthousiaste des républicains. Ainsi, il rentrait à l'Assemblée, — et c'était à la fois sa force et sa faiblesse, — comme étant par excellence l'homme de la revanche et l'homme de la république radicale.

A l'Assemblée, il poursuivit deux buts : préparer le relèvement de la patrie en refaisant l'éducation civique et militaire de la nation :

faire du parti républicain un parti de gouvernement. Thiers ayant compris que la République seule pouvait rendre à la France sa force et son prestige, Gambetta lui apporta son concours, contenant les impatiences des députés de l'extrême-gauche, répandant avec les idées de liberté et les principes de démocratie les idées et les principes de gouvernement, imposant à ses adversaires le respect de son talent, de son travail acharné et de son caractère. L'Assemblée, se croyant en état de rétablir la monarchie, se déclarait constituante : Gambetta nia qu'elle en eût le droit et combattit la proposition Rivet (30 août). Mais s'il estimait que l'Assemblée, élue uniquement pour trancher la question de paix ou de guerre, avait pour devoir de se dissoudre et de faire place à une Assemblée vraiment constituante, il ne pensait pas qu'il convînt aux représentants du parti républicain à l'Assemblée de se mettre en grève. Il jugeait au contraire que ses amis de l'Union Républicaine ne devaient pas négliger une occasion d'apporter leur pierre à l'œuvre commune de la

régénération nationale, il le dit et le répéta
hautement, il les persuada à la longue, et
quant à lui, il tint à honneur d'intervenir
souvent dans les débats et, sur les questions
politiques comme sur les questions d'affaires,
avec une grande modération. La compétence
de ses discours pratiques sur les traités de
commerce, la réorganisation du conseil d'État,
le recrutement de l'armée et la responsabilité
ministérielle produisit une vive impression
sur les esprits. Il se révéla bientôt comme le
premier des manœuvriers parlementaires et
des tacticiens de couloir, habile à intervenir
au meilleur moment, toujours prêt à profiter
de la moindre faute de ses adversaires, prompt
à se décider dans les moments de crise et à
s'emparer de la position la plus forte, confiant
et inspirant la confiance, sachant se dégager
aussi bien que s'engager, de tous les *leaders*
politiques le plus vigilant et le plus sûr.
Thiers renonça rapidement aux préventions
injustes qui lui avaient été inspirées contre
lui. Quant aux violentes attaques dont la délégation de Tours était l'objet de la part des

meneurs de la droite, Gambetta ne leur opposa jamais que le plus fier dédain. Sa déposition devant la commission d'enquête sur les actes du gouvernement de la Défense et son discours sur le rapport fait au nom de la commission des marchés réduisirent à néant les calomnies de la réaction.

Pour travailler, en dehors de l'Assemblée, à la constitution du parti républicain et à la régénération de la patrie, Gambetta entreprit une double tâche. Il fonda la *République française* [1] (5 novembre 1871). Il commença au banquet de Saint-Quentin la campagne de propagande et d'éducation démocratique qu'il devait continuer, avec une activité prodigieuse, dans cinquante discours [2].

1. Il y eut pour principaux collaborateurs politiques, MM. Spuller, Challemel-Lacour, Isambert, Allain-Targé, Paul Bert, Ranc, Louis Combes, de Freycinet, Proust, et un peu plus tard, MM. Girard de Rialle, Colani, Marcellin Pellet, Thomson, Joseph Reinach, Barrère, Depasse. La *Petite République française*, journal populaire à cinq centimes, ne fut foudée qu'en 1876.

2. Discours de Saint-Quentin, Angers, le Havre, Versailles, la Ferté-sous-Jouarre, Firminy, Chambéry, Albertville, Grenoble, Pontcharra, Thonon, Bonneville, la Roche, Annecy, Saint-Jullien, Nantes, Versailles, Périgueux, la Borde, Auxerre, Aix, Lille, Avignon, Bordeaux, Lyon, Amiens, Abbeville, Lille,

L'apparition de la *République française* fut un événement politique d'une grande portée. Au lendemain de la guerre et de la Commune, en plein régime de l'état de siége, ce n'avait pas été sans malice que l'autorisation de publier un journal avait été accordée à la première demande de Gambetta. On s'attendait à une feuille révolutionnaire, âpre et violente, qui eût discrédité son fondateur. Ce fut le *Journal des Débats* de la démocratie qui parut et la surprise fut générale. « La politique pratique tint autant de place à la *République française* que l'exposition de la doctrine. Chaque jour les collaborateurs de Gambetta s'y appliquèrent, sous son inspiration, à faire comprendre les incidents de la journée, à exposer la véritable question, souvent fort différente de la question apparente, à découvrir la tactique des adversaires, à montrer par quel mouvement les républicains y devaient

Château-Chinon, Marseille, Valence, Romans, Grenoble, Cherbourg, Cahors, Tours, le Neubourg, Lisieux, Honfleur, Pont l'Evêque, Quillebœuf et tous les discours prononcés à Paris, (réunions publiques du XXe arrondissement, conférences populaires, banquets des voyageurs de commerce, des débitants de vin, des chambres syndicales, etc, etc.)

répondre. Aucun incident, même secondaire, ne fut omis, aucune difficulté ne fut dissimulée, et, pour que la propagande fût complète et parvînt jusqu'aux plus humbles, bientôt à la *République* la *Petite République française* vint s'adjoindre : le lecteur ne s'intéressa plus seulement aux débats retentissants de la tribune ; il suivit les mouvements des couloirs, il fut initié au travail des commissions, aux discussions des bureaux ; et cet exemple, auquel s'associa toute la presse républicaine, eut pour effet de répandre par toute la France la vie politique. Chaque électeur, tenu au courant des faits et gestes de ses mandataires, de leurs votes, des moindres agitations des partis, comprit peu à peu ce qui est l'art de la politique et à quelles conditions on y remporte la victoire [1]. »

Mais ce fut surtout par ses promenades oratoires à travers la France que Gambetta se révéla comme le plus puissant des éducateurs du suffrage universel. Avant lui, on avait vu des tribuns populaires, des *leaders* politiques,

1. Bigot, *la fin de l'anarchie*, p, 266, sq.

s'adresser dans leurs harangues à telle ou telle fraction de la démocratie, de préférence aux électeurs de leur circonscription. Gambetta voulut se mettre en communication directe avec la démocratie tout entière ; il eut cette ambition que sa parole, éclatant tour à tour dans toutes les parties du territoire, formerait à une seule et même politique les populations les plus diverses par l'éducation, les besoins et les mœurs. Ouvriers et bourgeois des villes, paysans et fermiers des campagnes, il aspirait à les amener tous à la République à la fois progressiste et conservatrice, mais patriote avant tout, qui était son idéal. Aucune peine, aucun sacrifice ne devait lui coûter pour la réalisation de cette œuvre. Vexé et tracassé à chaque instant par une administration réac-tionnaire, injurié et calomnié toujours par une presse violemment hostile, il ne se lassa jamais. Du Nord au Sud et de l'Est à l'Ouest, chaque fois que les vacances parlementaires lui en donnaient le loisir, il allait répandre dans un merveilleux langage ses fortes et saines doctrines, les principes et les règles d'une sage conduite politique, et toujours le principe le plus important à comprendre, la règle la plus utile à pratiquer à l'heure où il parlait, recommander la patience et le courage, démontrer la nécessité et l'excellence du gouvernement républicain, semer à pleines mains le patriotisme et l'espoir. Une démocratie nouvelle naquit sous sa parole. Il aimait le peuple d'un ardent amour, mais comme il l'estimait autant qu'il l'aimait, il ne s'abaissa jamais à le flatter. Il était à la tribune comme à la barre pour dire toute la vérité. Il la dit toujours. Tous les discours de ce grand prédicateur laïque sont des enseignements, et par conséquent des actes ; chacune de ses campagnes oratoires marque une étape en avant dans la marche de la République. Lorsque Gambetta voyageait ainsi, Rome n'était plus dans Rome : elle était toute avec lui, chez les rudes montagnards du Dauphiné et de la Savoie comme aux banquets commémoratifs de la naissance de Hoche, quand il faisait pénétrer au plus profond des cœurs naguère encore défiants le culte passionné de l'armée et quand il apprenait à des campagnards à peine affranchis du joug des moines les bienfaits de la Révolution.

Voici quelques extraits de ces discours :

A Saint-Quentin (16 novembre 1871) :

Il faut que la France soit constamment penchée sur cette œuvre de régénération. Il lui faut un gouvernement qui soit adapté à ses besoins du moment et surtout à la nécessité qui s'impose à elle, de reprendre son véritable rôle dans le monde. Là-dessus, Messieurs, soyons très réservés, ne prononçons jamais une parole téméraire, cela ne conviendrait pas à notre dignité de vaincus; car il y a aussi une dignité du vaincu, quand il est tombé victime du sort et non pas de sa propre faute. Soyons gardiens de cette dignité, et ne parlons jamais de l'étranger, mais que l'on comprenne que nous y pensons toujours... Alors vous serez sur le véritable chemin de la revanche, parce que vous serez parvenus à vous gouverner et à vous contenir vous-mêmes.

A Angers (7 avril 1872) :

Ce qui ajoute à ma foi dans l'avenir, c'est qu'il me semble que celui qui est à la tête du gouvernement ne peut oublier ni son origine, ni ses études, ni les leçons de l'expérience ; il sait, il doit savoir qu'il y a quelque chose de plus beau que d'avoir écrit les annales de la Révolution française, c'est de l'achever,

en couronnant son œuvre par la loyauté et la sincérité de son gouvernement.

Au Havre (18 avril 1872) :

Il y a même des gens, je puis dire des hommes
d'esprit, ma foi ! qui ont cru en faire preuve en
m'appelant *commis-voyageur !* Cela n'est pas fait pour
m'humilier. S'ils ont cru toucher en quoi que ce
soit ma vanité ou mon amour-propre, en répétant
cette plaisanterie, ils se sont cruellement... j'allais
dire grossièrement trompés ! Je n'en rougis pas ; je
suis, en effet, un voyageur et le commis de la démocratie. C'est ma commission, je la tiens du peuple.
Tant pis pour ceux qui passent leur vie à débiter ces
misères.

Et encore, dans le même discours, à la grande colère des socialistes de 1848 :

Mais tenons-nous en garde contre les utopies de
ceux qui, dupes de leur imagination ou attardés dans
leur ignorance, croient à une panacée, à une formule
qu'il s'agit de trouver pour faire le bonheur du
monde. Croyez qu'il n'y a pas de remède social,
parce qu'il n'y a pas *une question sociale.* Il y a une
série de problèmes à résoudre, de difficultés à vaincre,
variant avec le lieux, les climats, les habitudes, l'état
sanitaire, problèmes économiques qui changent dans
l'intérieur d'un même pays ; eh bien ! ces problèmes
doivent être résolus un à un et non par une formule

unique. C'est par le travail, par l'étude, par l'association, par l'effort toujours constant d'un gouvernement d'honnêtes gens, que les peuples sont conduits à l'émancipation. Il n'y a pas, je le répète, de panacée sociale, il y a tous les jours un progrès à faire, mais non pas de solution immédiate, définitive et complète.

A la Ferté-sous-Jouarre, le 14 juillet 1872 :

Eh bien, que s'est-il passé après l'émancipation légale des citoyens, après ce don magnifique de joyeux avénement de la Révolution française, qui prend dans son sillon, où il croupissait comme une bête de somme, le paysan, qui le redresse et lui fait figure humaine, — que dis-je ? qui lui fait figure civile et politique et qui lui dit : Cette terre est à toi ; c'est ta passion dominante, tu l'aimes, tu la travailles, tu la fécondes , tu sens là toutes les joies qui appartiennent à l'homme sur son propre fonds, chaque jour tu ornes cette maîtresse, tu la surveilles avec des soins jaloux ne permettant d'empiétement à personne, mais cherchant toujours à l'agrandir, à l'amplifier, mettant constamment dans chaque pli, dans chaque recoin, l'empreinte de ta personnalité avec celle de ton travail ; eh bien, ce travail de chaque jour, ce travail accumulé, ce travail associé à ta personne, c'est ton bien, c'est ta propriété, il est à toi!

A Thonon :

Eh bien, il faut réfléchir quand on parle du patrimoine de la France. La France, vous avez eu raison de le dire, sera d'autant plus attrayante, qu'elle ne sera régie que par la loi, qu'elle sera aux mains de tous les citoyens et non plus aux mains et soumise aux caprices d'un seul.

Ah ! oui, la France glorieuse et replacée, sous l'égide de la République, à la tête du monde, groupant sous ses ailes tous ses enfants désormais unis pour la défendre au nom d'un seul principe et présentant au monde ses légions d'artistes, d'ouvriers, de bourgeois et de paysans; ah ! oui, il est bon de faire partie d'une France pareille, et il n'est pas un homme qui, alors, ne se glorifiât de dire, à son tour: Je suis citoyen français !

Mais il n'y a pas que cette France, que cette France glorieuse, que cette France révolutionnaire, que cette France émancipatrice et initiatrice du genre humain, que cette France d'une activité merveilleuse et, comme on l'a dit, cette France nourrice des idées générales du monde; il y a une autre France que je n'aime pas moins, une autre France qui m'est encore plus chère, c'est la France misérable, c'est la France vaincue et humiliée, c'est la France qui est accablée, c'est la France qui traîne son boulet depuis quatorze siècles, la France suppliante, vers la justice et vers la liberté, la France qui crie, suppliante, vers la justice et vers la liberté, la France que les despotes poussent constamment sur les champs de bataille, sous prétexte de liberté, pour lui faire verser son sang par toutes les artères et par toutes les veines ; la France que, dans sa défaite, on calomnie, que l'on outrage ; oh ! cette France-là, je l'aime comme on aime une mère ; c'est à celle-là qu'il faut faire le sacrifice de sa vie, de son amour-propre et de ses jouissances égoïstes ; c'est de celle-là qu'il faut dire, là où est la France, là est la patrie !

Enfin, à Grenoble, dans le célèbre discours du 26 septembre 1872 :

On se demande si ces hommes ont bien réfléchi sur ce qui se passe ; on se demande comment ils ne s'aperçoivent pas des fautes qu'ils commettent et comment ils pensent plus longtemps conserver de bonne foi les idées sur lesquelles ils prétendent s'appuyer ; comment ils peuvent fermer les yeux à un spectacle qui devrait les frapper. N'ont-ils pas vu apparaître depuis la chute de l'Empire une génération neuve, ardente, quoique contenue, intelligente, propre aux affaires, amoureuse de la justice, soucieuse des droits généraux. Ne l'ont-ils pas vu faire son entrée dans les conseils municipaux, s'élever, par degrés dans les autres conseils électifs du pays, réclamer et se faire sa place de plus en plus grande dans les luttes électorales ? N'a-t-on pas vu apparaître sur toute la surface du pays, — et je tiens infiniment à mettre en relief cette génération nouvelle de la dé-

mocratie, — un nouveau personnel du suffrage uni
versel? N'a-t-on pas vu les travailleurs des villes et
des campagnes, ce monde du travail à qui appartient
l'avenir, faire son entrée dans les affaires politiques?
N'est-ce pas l'avertissement caractéristique que le
pays, après avoir essayé bien des formes de gouvernement, — veut enfin s'adresser à une autre
couche sociale pour expérimenter la forme républicaine.

Oui ! je pressens, je sens, j'annonce la venue et la
présence, dans la politique, d'une couche sociale
nouvelle, qui est aux affaires depuis tantôt dix-huit
mois, et qui est loin, à coup sûr, d'être inférieure à
ses devancières.

Cette prédiction de l'avénement des nouvelles couches sociales a été l'un des points
les plus lumineux de la carrière politique de
Gambetta ; et non seulement il a annoncé cet
avènement, mais il l'a préparé, il l'a conduit ;
c'est lui, plus que tout autre, qui l'a mené au
but. Ce jour-là, la colère des vieux partis
réactionnaires fut vraiment clairvoyante et,
en effet, depuis la grande parole de Bonaparte : « La carrière est ouverte au talent »,
aucun mot d'une pareille portée politique et
sociale n'avait été prononcé en France. M. J.-J.

Weiss a dit à ce sujet dans l'un de ses plus
beaux articles :

Ils sont nombreux, ceux qui, n'étant pas de la
même doctrine philosophique ni du même parti politique que M. Gambetta se sont toujours sentis du
même parti social. On demande quelquefois ce que
c'est que les « nouvelles couches ». Je vais le dire.
Il y a toute une génération politique sortie des derniers rangs de la foule, fils de petits boutiquiers, de
petits fonctionnaires, de simples soldats, d'ouvriers
à la tâche, d'artistes plus riches de talent que d'argent ; cette génération s'était formée à force de travail solitaire ; elle s'était abreuvée aux sources les
plus pures. Les poètes, les romanciers, les drama-
turges, les constructeurs d'utopies du règne de Louis-
Philippe l'avaient illuminée, dès l'adolescence, d'un
rêve éblouissant. Tout ce qu'il y avait de plus grand
dans le monde n'aurait pas rempli son cœur. Elle
avait vingt ans, elle s'élançait, lorsqu'elle fut tout à
coup arrêtée et refoulée par la nuit de Décembre. Il
lui a fallu attendre une aurore jusqu'en son âge mûr.
M. Gambetta s'est fait son homme. L'occasion l'a porté :
mais il a pu saisir l'occasion. Il nous a réalisé, au
moment où nous n'espérions plus, le rêve de notre
jeunesse. Croyants ou philosophes, monarchistes ou
républicains, qu'importe. Nous n'avons tous fait qu'un
avec le fils de l'épicier de Cahors, s'élevant tout
à coup au premier rang, commandant les armées et

incarnant la France. Sa fortune a été littéralement la
nôtre. Nous débordions en lui, après la trop longue
compression de 1852. Voilà ce qu'a été pour nous
M. Gambetta.

IV

LA CONSTITUTION RÉPUBLICAINE.

Cependant, la coalition des droites monarchiques contre le gouvernement républicain suivait son cours. Quand Thiers, soutenu par toutes les gauches, eut réussi, à force de génie et d'adresse, à payer l'indemnité allemande, à hâter la libération du territoire et à restaurer dans toutes ses parties le gouvernement national, alors les droites reconnurent que « la tâche était désormais à la hauteur de leurs courages, » et ils renversèrent le président de la République par le grand vote d'ingratitude du 24 mai 1873. La nomination de M. Barodet à Paris contre Charles de Rémusat (27 avril) avait été, de l'aveu même de Thiers et de M. Jules Simon, absolument étrangère à cette catastrophe. Si Gambetta avait soutenu M. Barodet, c'est que la candidature de Rémusat lui avait apparu comme un retour à la candidature officielle et comme un essai de confiscation des gauches démocratiques au profit du centre gauche. Au 24 mai, comme dans vingt votes antérieurs, Thiers eut pour lui la voix de Gambetta et celles de tous ses amis.

Le maréchal de Mac-Mahon, élu président de la République, appela aux affaires les chefs de la réaction cléricale, et la campagne de restauration monarchique commença aussitôt. Dans ces circonstances critiques, ce fut Gambetta qui conduisit la résistance des gauches après avoir rédigé cet appel des représentants républicains à la nation :

Citoyens,

Dans la situation que fait à la France la crise politique qui vient d'éclater, il est d'une importance suprême que l'ordre ne soit pas troublé.

Nous vous adjurons d'éviter tout ce qui serait de nature à tourmenter l'opinion publique.

Jamais le calme de la force ne fut plus nécessaire. Restez calmes. Il y va du salut de la France et de la République !

Le parti républicain se conforma à cette sage exhortation. Laissant à Gambetta le soin de protester à la tribune de l'Assemblée contre les abus de pouvoir et contre les tentatives de corruption et d'intimidation qui se pro duisaient chaque jour [1], il resta calme devant toutes les provocations du cléricalisme et du bonapartisme. Rien ne le fit sortir de sa fière résignation et de sa forte confiance dans l'avenir, ni les persécutions contre les libres penseurs, ni l'insolence des consécrateurs de l'église du Sacré-Cœur, ni les menées factieuses qui précédèrent et suivirent la fusion des deux branches de la famille de Bourbon à Froshdorff, ni le régime de plus en plus agressif de l'état de siége. La ferme attitude du centre gauche dérouta une première fois, au mois d'octobre, le complot royaliste, et bientôt, plus intimidé par l'énergie tranquille des républicains qu'il ne l'eût été par les démonstrations les plus violentes, le comte de Chambord ne se soucia plus de l'aven-

---

1. Discours des 10 et 24 juin, 2, 12, 14 et 16 juillet, 28 septembre et 3 octobre 1873.

ture : il déclara qu'il ne pouvait renoncer au drapeau blanc. (Lettre à **M**. Chesnelong.)

L'Assemblée nationale reprit ses séances le 5 novembre. Quatre jours avant la publication de la lettre du comte de Chambord, les membres du comité de direction des droites avaient soutenu publiquement que la prorogation des pouvoirs du maréchal de Mac-Mahon ne serait qu'un « misérable expédient », auquel le président de la République ne consentirait jamais. Croyant la monarchie faite, ils affirmaient que mieux valait même la République que le provisoire. Mais après la déclaration du comte de Chambord, qui était l'avortement du complot royaliste, force fut aux conjurés du 24 mai de se rejeter sur la solution tant dédaignée de la prorogation. Le comité des Neuf adopta aussitôt ce système : maintenir le provisoire à l'aide d'une dictature indéfinie et garder le pouvoir en attendant les occasions, c'est-à-dire la mort du comte de Chambord.

Ce fut alors que Gambetta commença de son côté à retourner ses batteries : tout en continuant à réclamer la dissolution de l'Assemblée, et à plaider cette cause dans de magnifiques harangues, il laissa entrevoir la possibilité d'une transaction sur le vote de lois constitutionnelles établissant la République. Il avait déclaré vingt fois qu'entre la dissolution de la patrie et la dissolution de l'Assemblée, il voterait la dissolution de l'Assemblée. Mais si, par un miracle, par épuisement, par crainte de la colère du pays, par le sentiment d'une responsabilité de plus en plus grave, par horreur du bonapartisme qui relevait la tête, par patriotisme enfin, s'il pouvait se former, sur la frontière du centre gauche, une majorité pour fonder la République, fallait-il s'obstiner ? Fallait-il s'attacher à la vieille théorie néfaste : « Périsse la République plutôt qu'un principe ? » Louis Blanc, Quinet, M. Jules Grévy, hésitaient. Gambetta ne balança point. Il laissa dénoncer par les intransigeants la *politique des résultats*, et il négocia hardiment avec le centre sur cette base commune : ou la dissolution (que le centre avait toujours repoussée jusqu'alors), ou l'établissement de la République par l'Assemblée.

Mais d'abord, il fallait faire rentrer sous terre le bonapartisme qui, après avoir été au 24 mai le protecteur du duc de Broglie, l'avait débordé et finalement renversé avec le concours de la droite légitimiste. Ce fut une des plus éloquentes campagnes oratoires de Gambetta. (Discours du 1er juin 1874 à Auxerre, du 9 à l'Assemblée, du 26 au banquet commémoratif de la naissance de Hoche.)

Ce duel entre l'Empire et la République était attendu, prévu ; il était certain qu'un jour la démocratie déloyale, la pseudo-démocratie, qui s'appelle et qui se vante d'être la démocratie couronnée se rencontrerait avec la démocratie républicaine, la démocratie française. C'est pourquoi ce duel était inévitable.

Il est impossible, en effet, que ce pays qu'on a tant trompé, que ce pays qui a supporté les Bonaparte, en les croyant par deux fois les héritiers et les continuateurs de la Révolution française ; il est impossible que ce pays soit complètement guéri et complètement éclairé. Et pourquoi, Messieurs, en est-il ainsi ? N'aurions-nous donc pas subi assez de désastres, assez d'humiliations et de hontes ? Non, Messieurs, la raison n'est pas là. Ce pays est encore trop faible, trop peu éclairé ; on lui a trop marchandé, on lui a mesuré d'une main trop avare l'éducation et la lumière.

Vous souvenez-vous du premier cri que poussa la France républicaine, quand elle se vit au fond de l'abîme où l'avaient plongé Bonaparte et ses amis ? Des écoles, des écoles ! C'était le cri célèbre : de la lumière ! de la lumière ! Qu'a-t-on fait pour éclairer la France ? On voudrait, hélas ! qu'elle n'apprît rien. Un peuple ignorant est un peuple docile ; mais il y a pour déjouer ces plans néfastes, mieux qu'un système complet d'instruction publique, que cette éducation qu'on reçoit sur les bancs de l'école : c'est l'éducation que nos mobiles et nos mobilisés ont reçu dans les rangs de l'armée, c'est l'éducation devant le canon prussien ou la lance du uhlan, alors que notre armée combattait pour la défense de la patrie envahie !... Il suffit de ramener le souvenir de la France à ce passé horrible, il suffit de montrer cette portion mutilée et saignante de la France, en disant : C'est là qu'est la trace de l'envahisseur. Il nous a quitté, mais il nous surveille. Il médite de revenir pour nous arracher quelque autre province. Qui donc l'amène infailliblement ? N'est-ce pas l'empire ? Est-il jamais entré victorieux dans ce pays autrement qu'à la suite des Bonapartes ? (Auxerre, 1er juin.)

Puis, lorsque le 5 juin, M. Girerd lut à la tribune de l'Assemblée une pièce qui constatait l'existence d'un comité central bonapartiste conspirant pour rétablir l'Empire, Gambetta interpella le cabinet dont M. de Fourtou était le véritable chef :

Ce qui fait la gravité du document, c'est la complicité coupable qu'elle révèle de la part de certains agents de l'État pour la faction dont il s'agit.

M. Rouher essaye de parer le coup en faisant appel aux rancunes de la majorité contre les hommes du 4 septembre. Mais alors Gambetta :

Je dis, Messieurs, que dans cette assemblée, je n'ai jamais décliné la controverse ni la contradiction avec les honorables membres que vous avez chargés d'installer des commissions d'enquête, et que toutes les fois qu'on a apporté un rapport à cette tribune j'y ai répondu ; mais j'ajoute qu'il y a quelqu'un ici à qui je ne reconnais ni titre ni qualité pour demander des comptes à la révolution du 4 septembre, ce sont les misérables qui ont perdu la France !

Rappelé à l'ordre par le président Buffet, Gambetta reprit :

Messieurs, il est certain que l'expression que j'ai employée contient plus qu'un outrage : c'est une flétrissure, et je la maintiens !

Le lendemain, à la gare Saint-Lazare, Gambetta fut assailli et injurié par une bande de bonapartistes, dont l'un alla même jusqu'à le frapper d'un coup de poing au visage. Mais ces indignités ne profitèrent pas aux ennemis de la République, et lorsque l'Assemblée se sépara le 31 juillet, il devint évident que malgré les rejets consécutifs du projet de loi constitutionnelle présenté par Casimir Perier et de la proposition de dissolution déposée par le marquis de Malleville au nom de trois cents et quelques députés, une majorité allait se former dans l'Assemblée pour sortir du provisoire et élever la République contre le Bas-Empire menaçant. Gambetta l'annonça à l'Assemblée la veille même de sa prorogation (31 juillet 1874) :

La vérité, la voici : plus vous allez, plus vous vous mettez en opposition avec l'opinion. Et le secret de votre politique est là : vous rusez avec elle au lieu d'agir ; vous ne voulez pas surmonter vos anciennes défiances, vos anciennes rancunes.

Cependant vous êtes destinés à vivre. Vous avez des enfants, vous devez préparer l'avenir des générations futures : croyez-vous pouvoir le leur préparer en dehors de la démocratie ?

Est-ce qu'il appartiendra à une coalition de trois ou quatre cents députés de faire rebrousser chemin à la Révolution française ? Le croyez-vous ?

Si vous ne le croyez pas, il faut prendre un parti, le prendre avec énergie. Allez en vacances : passez-y un mois, je souhaite surtout que les électeurs vous disent la vérité, toute la vérité ; et alors, confiant dans tout ce qui doit rester de patriotisme au fond de vos âmes, en dehors de l'esprit de parti, je suis convaincu que ces vacances ne se passeront pas sans que vous ayez remarqué l'orage qui s'amoncelle sur ce qui reste de la France ; et, quand vous serez revenus, je suis convaincu que vous ne prêterez pas les mains à des combinaisons artificielles. Si vous pouvez faire la monarchie, vous la ferez ; si vous voyez que la République seule est possible, vous la ferez, et vous ferez un gouvernement fort, capable de refaire, comme nous en avons tous la passion, la gloire et l'honneur de la France.

La généreuse espérance de Gambetta fut réalisée. Le 30 novembre, quand l'Assemblée nationale reprit ses séances, la nécessité de sortir d'un provisoire énervant était reconnue par tous les esprits patriotes et éclairés.

Il est impossible d'entrer ici dans le détail des manifestations publiques, des négociations et des discussions parlementaires qui aboutirent, le 30 janvier 1875, à la reconnaissance constitutionnelle de la République. On a raconté ailleurs au prix de quels efforts Thiers finit par détacher une dizaine de voix du centre droit, Gambetta par déterminer ses amis de l'extrême gauche à sacrifier, dans l'intérêt majeur de la cause commune, leurs sentiments intimes sur la création d'une seconde Chambre et sur la septennalité de la Présidence. Ce fut au bon sens persuasif et à l'activité infatigable de ces deux chefs du parti républicain que la cause de la République dut de triompher finalement à une voix de majorité, cette seule et unique voix qui avait été proclamée suffisante pour restaurer la monarchie. L'assemblée avait abordé, le 21 janvier, la discussion de la loi relative à l'organisation des pouvoirs publics. Le 30 janvier, elle votait, par 353 voix contre 352, la proposition présentée par M. Wallon : « *Le président de la République est élu, à la pluralité des suffrages, par le Sénat et la Chambre des députés réunis en Assemblée nationale. Il est nommé pour sept ans. Il est rééligible.* » La République était désormais la loi.

Cependant, il restait un dernier écueil à franchir. Une disposition additionnelle à la lot sur l'organisation des pouvoirs publics avait stipulé qu'elle ne serait promulguée qu'après le vote du projet sur le Sénat, et cette disposition, qui était l'œuvre du duc de Broglie, faillit être la pierre d'achoppement de la République (11 et 12 février). En effet, l'Assemblée ayant commencé par adopter l'article 1er d'un projet en vertu duquel le Sénat devait être nommé par les mêmes électeurs que la Chambre des députés, le président de la République intervint par un message qui bouleversa les constitutionnels et les détermina à se joindre aux droites pour rejeter l'ensemble de la loi. Les royalistes et les bonapartistes exultèrent aussitôt. « La gueuse est enterrée, » disait le général Changarnier. M. Brisson déposa une proposition de dissolution.

Gambetta intervint :

Je dis, Messieurs, que nous avions donné le spectacle d'un parti que vous aviez souvent qualifié

d'intransigeant, d'excessif, d'exclusif, de rebelle à
tout compromis et à toute transaction politique ;
nous vous avions donné ce spectacle, non sans
quelque courage et sans de grands sacrifices de la
part de nos aînés et de nos devanciers dans la vie
politique, nous vous avions donné ce spectacle de
nous associer à vous et de vous dire : Conservateurs,
vous voulez bien reconnaître qu'après l'échec et
l'avortement définitif de vos espérances monarchiques, il est temps enfin de donner à la France un
gouvernement qui pourra rester dans vos mains, si
vous êtes sincères et véritablement épris de ces prin
cipes libéraux dont vous nous parlez sans cesse et
dont vous suspendez constamment l'application.

Nous vous avons dit: Eh bien, nous faisons taire
nos scrupules, nous prenons sur nous de faire ce
sacrifice aux nécessités générales de l'État, troublé
au dedans, menacé au dehors, et qui a plus besoin
que jamais de gagner sur les heures qui s'écoulent
un temps que lui convoite la jalousie de ses adversaires dans le monde ; nous prenons sur nous de ca-
pituler entre vos mains, si vous voulez faire un
gouvernement modéré et conservateur.

Nous avons consenti à diviser le pouvoir, à créer
deux Chambres ; nous avons consenti à vous donner
le pouvoir exécutif le plus fort qu'on ait jamais
constitué dans un pays d'élection et de démocratie ;
nous vous avons donné le droit de dissolution,
et sur qui ? sur la nation elle-même, au lende-

main du jour où elle aurait rendu son verdict !

Mais cela ne vous a pas suffi, vous avez voulu aller plus loin, exiger davantage; vous avez voulu préparer un sénat qui fût à vous, exclusivement à vous. Peut-être cependant n'auriez-vous pas insisté dans ces prétentions extrêmes, et c'est ici que se place la responsabilité du cabinet. Hier, vous aviez fait une majorité; vous avez fait aujourd'hui deux majorités. Dans la journée, le cabinet, dont l'existence politique individuelle et collective était mise en question d'une façon véritablement définitive si cette majorité restait constituée, le cabinet s'est précipité chez le maréchal, et il en est revenu avec une déclaration. Il vous l'a lue; l'a-t-il commentée, expliquée? a-t-il apporté un argument, une raison politique? Non, il s'est caché derrière cette épée, et il vous a fait voter.

Et maintenant, voici ce que j'ai à vous dire: Je sais — pardonnez-moi de froisser vos illusions, — je sais qu'il en est encore parmi vous qui poussent cet esprit de sagesse et de transaction politique jusqu'à l'héroïsme, et qui croient pouvoir encore rencontrer, dans des rangs ou rien de solide ne s'est présenté, des auxiliaires pour cette œuvre impossible: oui, je le sais. Eh bien expérimentez vos illusions, la déception ne tardera pas à venir. Jusqu'à présent nous vous avons donné des gages, — je l'ai dit et je le maintiens, — plus tard on nous jugera, et on nous jugera moins sévèrement, malgré les fautes que nous avons pu commettre, que vous ne serez jugés vous-mêmes. Plus tard on dira que vous avez manqué la seule occasion peut-être de faire une République véritablement ferme, légale et modérée.

Ce discours produisit une profonde émotion. A gauche, on reprit courage ; à droite, on se sentit jugé et condamné. De nouvelles négociations furent entamées. M. Wallon déposa un projet d'organisation du Sénat qui fut successivement adopté par la fraction du centre droit qui marchait avec MM. d'Audiffet-Pasquier et Bocher, par le groupe Lavergne, par le centre gauche, par la gauche républicaine à l'unanimité moins cinq voix, dont celle de M. Grévy, et enfin par l'Union républicaine, après un discours de Gambetta qui arracha des larmes aux délégués présents des autres groupes. L'accord étant fait de ce côté, ce projet fut porté devant l'Assemblée, où le débat dura quatre jours. Enfin, le 24 février, la loi sur le Sénat fut adoptée par 448 voix contre 210, et le lendemain 425 suffrages contre 254 votèrent l'ensemble de la loi sur l'organisation et la transmission des pouvoirs publics.

Faire ratifier par la démocratie l'œuvre de conciliation nationale qu'il avait menée à bonne fin et préparer les élections générales de 1876 dans un sens favorable à la République, telle fut la tâche que Gambetta se proposa pour la fin de l'année. A part quelques idéologues, la politique qui avait conduit à la proclamation de la République par l'Assemblée fut approuvée par tout le parti républicain. A Belleville, le 25 avril, l'approbation fut chaleureuse, même lorsque Gambetta y fit l'éloge du Sénat :

Ceux qui ont eu les premiers l'idée de constituer un sénat, dit-il, ont voulu dès l'origine créer là une citadelle pour l'esprit de réaction, organiser là une sorte de dernier refuge contre les dépossédés et les refusés du suffrage universel. Mais il faut voir si ceux qui ont eu cette pensée l'ont bien réalisée ; si, voulant créer une chambre de résistance, une citadelle de réaction, ils n'ont pas organisé un pouvoir essentiellement démocratique par son origine, par ses tendances, par son avenir. Messieurs, quant à moi, telle est ma conviction, et je vais essayer de l'établir... Après la délibération commune, que va-t-il sortir des urnes ? Un sénat ? Non, citoyens, il en sortira le grand conseil des communes françaises.

Voulez-vous me dire dans quel état de la vieille Europe on a fait, à l'usage d'une démocratie, un instrument meilleur et plus avantageux ? Par cette institution du Sénat, bien comprise, bien appliquée, la démocratie est souveraine maîtresse de la France.

Si l'institution d'une seconde Chambre a pu s'acclimater en France, c'est à Gambetta qu'elle le doit. C'est lui qui a convaincu la démocratie de la nécessité d'une assemblée de contrôle.

La victoire des républicains dans l'élection des sénateurs inamovibles par l'Assemblée nationale fut l'œuvre de Gambetta et le résultat d'une de ses plus habiles manœuvres parlementaires. Mais il fut battu sur la question du scrutin de liste. Également soucieux de la dignité et de la représentation *vraie* du suffrage universel, il demandait que la Chambre des députés fût élue au scrutin de liste. Les droites, soutenues par le président du conseil Buffet, firent adopter le scrutin d'arrondissement qui devait leur permettre l'abus le plus scandaleux de la candidature officielle (13 et 26 novembre). Ce fut dans le discours du 26 que Gambetta prononça ces mots : « La modération, c'est la raison politique. »

V

SÉPARATION DE L'ASSEMBLÉE NATIONALE. — CHAMBRE DES DÉPUTÉS.

L'Assemblée nationale se sépara le 31 décembre, et Gambetta fut alors, pour les élections sénatoriales comme pour les élections à la Chambre des députés, le *leader* du parti républicain ; ce fut lui qui dirigea le mouvement, acclamé presque partout comme le plus sage inspirateur et le guide le plus prudent de la démocratie. Parmi les belles leçons qui furent données par Gambetta à la démocratie, il faut placer au premier rang ses discours de cette période alors que, voyageur infatigable, il sillonna la France pendant six semaines, sans repos, toujours alerte, toujours plein de belle humeur et de foi, toujours heureux de répandre à travers le pays la manne bienfaisante de sa parole.

A Lille, le 6 février 1876 :

Quand je dis qu'il faut que vos candidats soient des démocrates, j'entends dire qu'ils doivent être pénétrés, avant tout, de la nécessité de l'amélioration intellectuelle et morale du plus grand nombre et qu'ils ne doivent pas cesser de poursuivre, dans l'administration comme dans la législation, les moyens pratiques d'éclairer les esprits et de faire arriver à la lumière les capacités intellectuelles que recèle la masse entière du peuple, laquelle est tenue à l'écart, et qui, comme une mine non exploitée, renferme peut-être des trésors de facultés et d'aptitudes que la misère et l'ignorance étiolent, que l'obscurantisme asservit ou corrompt au détriment de la patrie. Ce que j'entends par démocrates, ce sont des hommes qui sont persuadés que la souveraineté doit s'exercer dans le sens du plus grand nombre, et jamais au profit d'une collection d'individus, d'une caste ou d'une famille ; ce sont des hommes qui comprennent que l'administration de l'État, que son budget et sa force ne doivent être qu'un moyen de développement général, et non pas la mense, la feuille de bénéfice de quelques-uns. Ce sont des hommes qui ne sont préoccupés, avant tout, que de la meilleure distribution des forces financières, industrielles, économiques du pays ; ce sont des hommes qui, ne sacrifiant rien au hasard, ne vont que du connu à l'inconnu, avec patience, avec méthode, ne tentant que ce qui est possible et reconnaissant qu'il y a toujours quelque chose à faire, même dans le meilleur des mondes possible.

Le démocrate enfin n'est pas celui qui n'est uniquement préoccupé que de reconnaître des égaux, car tous les jours, dans la société, on reconnaît des égaux, mais là n'est pas la démocratie vraie. Ce qui constitue la vraie démocratie, ce n'est pas de reconnaître des égaux, c'est d'en faire.

A Avignon, trois jours plus tard :

Il suffit de déchirer les divers décrets, mesures et ordonnances qu'ont pris nos ministres depuis trois ans, pour établir une politique de liberté qui est le premier besoin du pays et, notamment, le premier besoin des populations de ce Midi de la France, qu'on a systématiquement diffamées pour pouvoir mieux les refouler et les mater. Oui, le premier besoin de ces populations, avant d'entreprendre des réformes plus ou moins délicates et lointaines, c'est de redevenir maîtresses d'elles-mêmes, c'est de ressaisir la liberté d'écrire, de se réunir, de s'associer, la liberté de choisir leurs maires; le premier besoin de ces populations, c'est d'avoir des fonctionnaires, qui, au lieu d'être des ennemis tracassiers, des esprits hostiles et chagrins constamment en conflit réglé avec les populations, soient des fonctionnaires soucieux

de la paix et du bon ordre des populations, en
même temps que de la dignité de l'administration
dans un pays qui n'est avide que d'apaisement, de
concorde et de travail, et qui n'exige que le règne
de la loi, à la place des fantaisies et des caprices
d'une poignée d'ambitieux infatués de leurs mérites.

Le 13, à Bordeaux :

On a donc fait la Constitution, et, grâce à elle, on
a évité la dictature décorée du nom de septennat, on
a évité cette égalité de prétendants de tous les partis,
et le suffrage universel, qui se prononcera le 20 de
ce mois, n'a pas à écouter les sollicitations de Napo-
poléon IV, de Chambord ou d'Orléans ; il n'a qu'une
chose à faire : maintenir et consacrer l'édifice républicain, à l'abri duquel l'ordre et les développements
progressifs des droits de tous sont assurés. Voilà
l'œuvre du 25 février 1875 ; c'est une œuvre de patriotisme, et, quand on dit qu'elle est le fruit de la
conciliation, c'est le plus bel éloge qu'on en puisse
faire. Oui, elle est le fruit de la conciliation. Mais
est-ce que vous connaissez une politique qui soit
plus désirable que la conciliation entre des Français
venant à la République, abjurant leurs anciennes
idées, vous apportant l'influence de leurs noms et
de leur situation sociale ? Non pas, s'ils ne sont pas
sincères ; non pas, s'ils sont hypocrites ; mais nous
avons fait ce classement, nous savons ceux qui
mentent en parlant, ceux qui sont sincères en

votant ; le vote est là, c'est un critérium décisif.
Eh bien ! je dois dire que de tous ceux qui, à la suite
de M. Thiers, de M. Casimir Perier, de M. Léon de
Maleville, se sont détachés de leurs vieilles idées et,
sous l'influence d'un patriotisme éclairé, sont venus
à la République, pas un seul n'a fléchi ; il n'en est
pas un qui n'ait été le plus ferme, le plus vigilant,
le plus soucieux, le plus jaloux défenseur des libertés
publiques.

Le pays a vu se réaliser enfin la pensée de ce rap-
prochement tant recherché, qui, s'il s'était opéré il y
a soixante ans, il y a quarante ans, ou même trente
ans, aurait achevé le cycle de la Révolution française. Qu'est-ce qu'ont voulu, en effet, nos prédé-
cesseurs, les auteurs de la Déclaration des Droits ?
Qu'est-ce qu'ont voulu Mirabeau, Saint-Just lui-même,
Robespierre, ces esprits rendus exclusifs par la passion et par cette étroitesse d'esprit qui fait les combattants ? Ils ont surtout voulu, dans leur jour de
sérénité, fonder une immense démocratie dans laquelle les frères aînés, c'est-à-dire ceux qui sont
arrivés, seraient les initiateurs, les parents, les
guides, les protecteurs de ceux qui, placés au-dessous,
n'avaient pu recevoir les bienfaits de l'éducation,
de la fortune, mais qui avaient leurs droits, eux
aussi. C'est précisément cette alliance, cette union,
ce concordat pacifique entre la bourgeoisie et le
peuple, qui a été accompli dans la Constitution du
25 février, c'est ce qui en fait un gage pour l'avenir ;

ce qui fait qu'elle vivra en dépit d'attaques que j'admets, que je comprends et que je m'explique pour des hommes de théorie. Pour moi, je ne suis pas un homme de théorie, je suis un homme de pratique, voué à la défense des idées démocratiques; je n'ai qu'une passion, celle de réaliser tous les jours un progrès dans les lois et les institutions de mon pays.

A Paris, le 15, proclamant la candidature de Victor Chauffour dans le VIIIe arrondissement :

A toutes ces qualités qui suffiraient à en faire le modèle de la candidature réellement républicaine dans notre parti, Victor Chauffour joint un autre titre qui n'a jamais laissé et qui ne laissera jamais Paris insensible. Il est de ceux qui expient parmi nous, avec nous, les conséquences de cette odieuse servitude impériale supportée pendant dix-huit ans et qui a abouti à le priver, lui, de son berceau et nous, de nos meilleures provinces.

Eh bien! il serait douloureux, devant une assemblée de Français, de patriotes, de Parisiens, d'insister longuement sur un pareil deuil et de toucher à cette blessure toujours saignante. Je n'ajouterai qu'un mot. Quand on a devant soi un homme aussi dévoué à nos idées, ayant cet ineffaçable et auguste caractère d'être un fils de l'Alsace frappée par l'étranger, on n'a qu'à se dire : Ne pouvant pas avoir la terre, prenons les hommes.

Après le vote du 30 janvier qui avait envoyé au Sénat une forte minorité républicaine, le vote du 20 février justifia toutes les espérances des républicains et récompensa tous leurs efforts. Comme M. Challemel-Lacour l'avait annoncé dans l'une des dernières séances de l'Assemblée nationale, la France se rendit au scrutin comme à une fête de délivrance, et la fête fut superbe. Le premier tour de scrutin donna au parti républicain 300 sièges contre 135 ; le second devait lui en donner 56 contre 49. — Résultat significatif : pendant que Gambetta était élu à Paris, à Lille, à Marseille et à Bordeaux, M. Buffet était battu dans les quatre circonscriptions où il s'était fait porter : à Castelsarrazin, à Bourges, à Commercy et à Mirecourt. La défaite était si écrasante que M. Buffet refusa d'attendre la réunion des Chambres pour se retirer. Il donna sa démission dès le 23 février et fut remplacé à la présidence du conseil par Dufaure.

Gambetta fut le chef incontesté de la majorité républicaine de la nouvelle Chambre. Il essaya d'abord de provoquer la cohésion en un seul groupe des diverses fractions de la gauche : « Il faut, disait-il, que chacun de nous puisse parler au nom de la majorité toute entière, d'une majorité qui n'est pas seulement celle des Assemblées, mais qui est aussi celle de la nation. » Ce conseil perspicace ne fut malheureusement pas écouté, la gauche se divisa et ce fut là, comme Gambetta l'avait annoncé, l'origine de difficultés sans nombre.

En dehors de l'impulsion générale donnée à la marche des affaires pour l'affermissement progressif de la République, deux grandes questions occupèrent principalement Gambetta : celle des finances et celle des empiétements du clergé. Nommé président de la commission du budget le 5 avril, il révéla tout de suite dans cette nouvelle direction des qualités hors ligne. Après avoir annoncé dans son allocution d'ouverture qu'il fallait travailler à dissiper « les appréhensions intéressées des esprits chagrins et hostiles, » il porta son attention sagace sur tous les chapitres du budget, et particulièrement sur celui de la guerre. La passion qu'il avait apportée de longue date à toutes les questions qui intéressent la force, la grandeur et le bien-être de l'armée lui avait créé dans ses rangs de vives sympathies. Ces sympathies redoublèrent quand on le vit se constituer dans la commission du budget comme à la Chambre l'avocat infatigable des intérêts et des réformes militaires.

C'est ainsi que la discussion du budget pour l'exercice 1877, fut l'une des plus remarquables de notre histoire économique et politique. Gambetta y prononça quinze discours, (budgets de la guerre, de la marine, de l'intérieur, des affaires étrangères,) et il se montra dans tous également supérieur, soit qu'en combattant la suppression de l'ambassade auprès du Saint-Siège, il rendît hommage à la clientèle catholique de la France dans le monde, soit qu'il discu tât les détails techniques du budget de la guerre, soit qu'il défendît la République contre les insolentes prétentions des bonapartistes :

Et ne dites pas qu'on n'a pas consulté la nation !
La nation a été consultée le 20 février, et la nation
a répondu, par toutes les voix que vous connaissez,
qu'il y avait un décret de déchéance ; la nation a
répondu comme vous allez répondre vous-mêmes :
qu'on peut bien se rire des décrets de déchéance
mais qu'il y a une chose qu'on n'effacera pas, une tâche
indélébile qu'on n'arrivera jamais à supprimer...
(*Bruyantes exclamations.*) Non ! jamais ! et cette chose,
cette tâche, c'est un crime ! (*Cris et interruptions à
droite.*) Un crime ! un crime ! (*Nouveaux cris à droite.
— Applaudissements à gauche.*) Et ce crime, vous ne
l'effacerez pas de la mémoire de la France ! Elle
dira... (*Les exclamations partant d'une partie du côté
droit deviennent de plus en plus bruyantes et finissent
par couvrir la voix de l'orateur.*) Messieurs, vous
direz ce qu'a dit la nation, ce qu'a déjà dit l'histoire,
c'est qu'il y a une honte et un crime que vous
n'effacerez jamais: un crime, le 2 Décembre ! et une
honte, la perte de l'Alsace et de la Lorraine ! (*Bravo !
bravo ! et applaudissemens à gauche et au centre.*)

Dans les premiers jours du mois de mai,
Gambetta avait proposé à la commission du
budget de rédiger, outre le rapport général sur
l'exercice 1877, un second rapport ayant pour
objet spécial l'exposé des réformes à introduire
dans les exercices suivants. Cette proposition

ayant été accueillie, la *République française* publia une grande étude préparatoire sur la réforme de l'impôt dans un sens démocratique (16 octobre). Gambetta y préconisait l'impôt sur le revenu, et son travail fut considéré comme l'avant projet d'une très belle et très hardie constitution financière de la République.

Ce fut dans le même esprit politique que Gambetta défendit contre M. Jules Simon, successeur de Dufaure à la présidence du conseil, les droits de la Chambre en matière de budget (27 décembre). La majorité eut la faiblesse, dont elle se repentit six mois plus tard, de ratifier les empiètements du Sénat.

Fortifié chaque jour par l'adhésion de plus en plus chaleureuse du parti républicain grandissant, Gambetta engagea résolument la lutte contre le cléricalisme. Après avoir donné de nouvelles preuves de sa modération et de sa sagesse en flétrissant à Belleville (26 octobre) « les hommes tarés qui avaient exploité le mouvement de désespoir de la Commune » et en développant à chaque occasion les solides

principes de de la politique des résultats (xote
pour l'amnistie partielle, discours contre l'op-
portunité de la proposition demandant la ré-
duction du service militaire à deux ans, discours pour la proposition de cessation des
poursuites), il s'appliqua à démontrer l'ur
gence de répcimer par des moyens légaux l'a-
gitation du parti ultramontain. Dès le 24
mars, à l'occasion de l'invalidation de M. de
Mun, il avait dit :

Il ne s'agit pas ici de défendre la religion que personne n'attaque ni menace. Quand nous parlons du
parti clérical, nous ne nous adressons ni à la religion, ni aux catholiques sincères, ni au clergé national. Ce qui nous préoccupe est de ramener le clergé
dans l'Église, et de ne pas permettre qu'on trans-
forme la chaire en tribune politique ; c'est de faire
respecter la liberté électorale ; c'est d'assurer le libre
combat aux opinions politiques qui n'ont rien à voir
avec les questions cléricales.

Mais le discours capital fut celui du 4 mai
1877 sur les interpellations des gauches. Il y
montrait comme le parti clérical était avant
tout aux ordres de Rome, insistait sur l'in-

France dans les classes bourgeoises, signalait le mépris croissant où était tenue la déclaration de 1682 :

Le plus clair résultat du concile de 1870 a été précisément d'ébranler le concordat, de mettre en question ce traité, ce contrat synallagmatique qui règle le rapport du sacerdoce et de l'empire, de l'État et de l'Eglise, en dehors duquel il n'y a que deux solutions : ou l'exclusion ou la séparation.

Or, comme nous estimons que tout vaut mieux que ces deux solutions, nous voulons ramener au respect du concordat et des articles qui l'accompagnent, à l'application rigoureuse, permanente, répressive des lois qui figurent sur nos codes pour la défense de nos libertés et pour la protection de notre indépendance ecclésiastique... Il faut choisir, c'est un dilemme que je pose : ou vous cesserez d'être Français, ou vous obéirez à la loi.

En tenant ce langage, sommes-nous trop exigeants ? sommes-nous des hommes passionnés ?

Sommes-nous, dis-je, des hommes passionnés, quand nous venons demander l'application des lois qui ont été appliquées par M. de Vatimesnil, par Mgr Frayssinous, par le gouvernement de Charles X, par le gouvernement de Louis Philippe, par l'Empire ? Proclamez donc qu'à vos yeux, il n'y a que la République qui ne soit pas en état de légitime défense. Dites-le, ayez ce courage ! Et alors, avouez

LXXXIV

7

que vous n'êtes qu'une faction politique, montant à l'assaut du pouvoir.

D'ailleurs, j'en ai assez dit ; le sentiment de la Chambre est fait, et je dois dire que, quelque précision qu'elle mette dans sa sentence, elle ne satisfera qu'à moitié la conscience nationale indignée, révoltée d'être ainsi périodiquement agitée par des hommes qui ne relèvent que de l'étranger...

Vous sentez donc, vous avouez donc, qu'il y a une chose qui, à l'égal de l'ancien régime, répugne à ce pays, répugne aux paysans de France, c'est la domination du cléricalisme !

Vous avez raison, et c'est pour cela que du haut de cette tribune je le dis, pour que cela devienne précisément votre condamnation devant le suffrage universel ! et je ne fais que traduire les sentiments intimes du peuple de France en disant du cléricalisme ce qu'en disait un jour mon ami Peyrat : « Le cléricalisme ? voilà l'ennemi ! »

VI

LE SEIZE MAI

Le coup d'État parlementaire du 16 mai fut la réponse de la Curie au discours de Gambetta et à l'ordre du jour sur les menées ultramontaines. M. Jules Simon fut brusquement congédié par le maréchal, et M. de Broglie fut rappelé aux affaires avec la mission de dissoudre la Chambre. MM. de Fourtou, Brunet, de Meaux, Caillaux et Decazes étaient les complices du duc de Broglie dans cette aventure.

La lettre du maréchal de Mac-Mahon à M. Jules Simon ne produisit qu'une seule impression de colère et d'indignation. Le renvoi du cabinet du 13 Décembre, c'était la revanche de l'ordre du jour sur la répression des menées ultramontaines ; c'était le défi lancé par

les revenants du 24 mai et de l'Empire à la
démocratie progressiste et libérale, c'était le
cléricalisme aux affaires, et le cléricalisme,
c'était bien l'ennemi. Car il n'avait pas seulement pour objet d'arrêter en France la marche
de la Révolution, il était une cause d'inquié-
tudes pour l'Europe entière ; sa victoire d'un
jour avait provoqué en Italie une vive agita-
tion et des armements contre les projets sup-
posés de restauration du pouvoir temporel.
Donc, « il fallait le combattre et l'abattre » ; il
fallait, sans perdre une heure, reformer contre
lui l'union féconde de toutes les fractions de
la gauche, il fallait signifier sans retard au
maréchal de Mac-Mahon que la France, à qui
il avait fait appel contre le Parlement, serait
avec le Parlement contre toute tentative de
pouvoir personnel et de gouvernement ultramontain.

Les journaux républicains du mois de mai
furent unanimes dans l'expression de ces sentiments. En province, comme à Paris, ils tin-
rent tous le même langage très ferme et très
calme. Un accord tacite confia à Gambetta la

direction du mouvement de résistance. Une heure de péril avait suffi à refaire l'union de tout le parti républicain.

Gambetta fut chargé de développer devant la Chambre l'interpellation des quatre groupes de gauche :

Messieurs, il faut en finir avec cette situation, et il vous appartient d'y mettre un terme par une attitude à la fois virile et modérée. Demandez, la Constitution à la main, le pays derrière vous, demandez qu'on dise enfin si l'on veut gouverner avec le parti répu blicain dans toutes ses nuances, ou si, au contraire, en rappelant des hommes repoussés trois ou quatre fois par le suffrage populaire, on prétend imposer à ce pays une dissolution qui entraînerait une consultation nouvelle de la France. Je vous le dis, quant à moi, mon choix est fait, et le choix de la France est fait aussi : si l'on se prononçait pour la dissolution, nous retournerions avec certitude et confiance devant le pays qui nous connaît, qui nous apprécie, qui sait que ce n'est pas nous qui troublons la paix au dedans, ni qui inquiétons la paix au dehors. Je le répète, le pays sait que ce n'est pas nous, et, si une dissolution intervient, une dissolution que vous aurez machinée, que vous aurez provoquée, prenez garde qu'il ne s'irrite contre ceux qui le fatiguent et l'obsèdent ! Prenez garde que, derrière des calculs de

dissolution, il ne cherche d'autres calculs et ne dise :
La dissolution, c'est la préface de la guerre !

Criminels seraient ceux qui la poursuivraient dans cet esprit !

L'ordre du jour des gauches fut voté par 347 voix contre 147 ; les Chambres furent prorogées le surlendemain pour un mois (18 mai) [1].

La prorogation n'était que la préface de la dissolution. La dissolution ne pouvait profiter à la coalition cléricale que par l'organisation méthodique, d'un bout à l'autre du pays, de la candidature officielle. Le cabinet du 17 mai ne perdit pas une heure à commencer la campagne. Huit jours lui suffirent à remettre en place le haut personnel administratif et judiciaire du 24 Mai. Il menaça de révocation tous les petits fonctionnaires suspects d'attachement à la République. Il invita les tribunaux à poursuivre avec la dernière rigueur la presse républicaine, à traquer sans pitié

1. Le jour même de la prorogation, les bureaux des gauches rédigèrent, sous forme d'appel au pays, une protestation solennelle contre l'acte du Seize-Mai. Ce manifeste fut signé par 363 députés républicains.

les colporteurs de tout écrit hostile au nouveau gouvernement. Il se déclara le très-humble serviteur du parti clérical. M. de Fourtou ouvrit les portes aux chefs les plus insolents du bonapartisme, et le duc de Broglie, qui n'avait été, au 24 Mai, que le protégé de l'empire, en devint publiquement le plagiaire et le patron.

Mais le parti républicain était décidé à n'opposer qu'une propagande légale aux violences du nouveau gouvernement de combat. Cette propagande fut admirablement organisée. Dès que la dissolution de la Chambre devint imminente, Gambetta réunit les directeurs politiques des grands journaux de Paris, et créa avec eux un comité général de résistance et de propagande. Un second comité, composé de fonctionnaires révoqués par M. de Fourtou et de jeunes avocats, eut mission d'expédier en province des milliers de journaux et de brochures. Les 363 signataires du manifeste du 18 mai furent invités à former dans chaque chef-lieu de canton des comités républicains, à grouper les électeurs, à leur enseigner la natu.e de leurs droits contre les abus du pouvoir, à répandre les journaux envoyés de Paris. Thiers se crut revenu à 1830, à la grande lutte des 221 contre le ministère Polignac. Les bureaux de la *République française*, comme jadis ceux du *National*, devinrent le quartier général de l'armée républicaine et libérale. Les plus vieux lutteurs descendirent dans l'arène avec une ardeur nouvelle. Crémieux et M. Senard prirent l'initiative d'un comité de consultation juridique. Henri Martin présida le comité de propagande. Montalivet rentra au *Journal des Débats*. Emile de Girardin commença dans la *France* la superbe campagne pour laquelle il lui sera tant pardonné dans l'histoire... Thiers, qui venait d'atteindre sa quatre-vingtième année, était le plus ardent de tous et le plus impatient. On l'a entendu accuser Gambetta d'être *trop modéré*.

Trois admirables discours de Gambetta, pleins de courage, de sagesse et de foi dans la victoire du droit, marquèrent la période de la prorogation : (discours aux étudiants de Paris, discours d'Amiens et d'Abbeville.)

Je n'ai aucune inquiétude sur la réponse de la France.

Allons plus avant, Messieurs, et voyons comment la question qui nous occupe a été jugée au dehors, car, pour le dire en passant, nous avons eu, à la grande douleur de nos adversaires, cette consolation d'avoir pour nous l'assentiment unanime de l'Europe, qu'elle fût monarchique ou républicaine, vivant sous un pouvoir absolu ou sous un pouvoir pondéré. Sans distinction de partis ni de nuances, nous avons vu tous les organes de l'Europe blâmer ce qui s'est fait le 16 mai, et condamner cette politique dans des termes qui dépassaient en vivacité tous ceux que nous employons nous-mêmes. C'est là première fois qu'on a rencontré, pour un acte semblable, un pareil arrêt rendu avec une telle unanimité par l'Europe tout entière. C'est là un fait grave contre lequel on a essayé de réagir d'abord en raillant, puis en supposant des correspondances qui se sont trouvées fausses, mais, en fin de compte, il a bien fallu s'incliner : le jugement de l'Europe est là, il demeure comme un verdict sans appel.

Aujourd'hui, où en sommes-nous ? Nous en sommes à entendre dire, par les coupe-jarrets de Décembre qui subsistent encore, qu'on ne sortira de là qu'en allant jusqu'au bout, et que le bout ce serait un coup de violence, c'est-à-dire le crime. Messieurs, je ne fais pas à de pareils polémistes, à de semblables insensés l'honneur de discuter avec eux.

Je ne crois pas que personne, dans ce pays, puisse penser à un coup de force, et, dans tous les cas, je le dis, c'est un coup de force qui serait condamné à une terrible expiation. (Abbeville, 10 juin.)

Le Parlement rentra en session le 16 juin, la Chambre des députés pour discuter l'interpellation des bureaux des gauches sur la constitution du cabinet, le Sénat pour recevoir communication du message présidentiel qui demandait la dissolution de la Chambre.

Gambetta soutient avec MM. Bethmont, Jules Ferry, Louis Blanc, Antonin Proust et Léon Renault l'interpellation des gauches. La droite était furibonde et l'insultait, l'interrompait à chaque phrase. Il ne se laissa pas troubler, il dit hardiment toute la vérité :

... Car il faut bien s'expliquer. Nous sommes en face d'hommes qui ne sont pas ancrés dans la Constitution ; nous n'avons pas devant nous des hommes qui la défendent avec des tendances particulières, mais conformes à l'esprit de la Constitution. Non ! non ! Si cela était, s'il y avait un parti whig et un parti tory dans la République, nous pourrions discuter, et faire de la politique parlementaire ; nous pourrions croire que le Président n'obéit qu'à des tendances constitutionnelles. Mais tout le monde sait qu'il n'en est pas ainsi ; tout le monde sait qu'il vous serait impossible de dire avec sincérité que, parmi vous, il y en a un seul qui n'ait pas un idéal politique différent de la forme qui nous régit aujourd'hui...

Il faut que la France sache ce qui est résulté de ce jour mémorable du 4 mai, pendant que M. Jules Simon était à la tribune et qu'il parlait de cette captivité du saint père, et qu'il osait dire que c'était là une invention, et qu'il lui donnait sa véritable épithète, en l'appelant une invention mensongère. Ah ! Messieurs, deux jours après, du fond du Vatican, on relevait le mot du ministre républicain, et personne n'ignore que c'est de là qu'est parti le coup qui a renversé le cabinet.

Personne ne s'y est trompé, et, puisqu'il faut tout dire, un cri a traversé la France... un cri que vous entendrez bientôt, un cri qui reviendra, qui sera la libération, qui sera le châtiment, le cri : C'est le gouvernement des prêtres ! C'est le ministère des curés, disent les paysans !

Le pays sait toutes ces choses ; le pays nous jugera vous et nous.

J'ai eu la témérité, il y a quinze mois et davantage, — mais vous allez voir si c'était une témérité... et si les conservateurs, s'il en reste encore quelques-uns, égarés sur ces bancs, n'auraient pas mieux fait de m'écouter, — j'ai eu la témérité, à l'ancienne Assemblée nationale, de soutenir contre M. Buffet et contre M. Dufaure le scrutin de liste. Je disais que ce scrutin était réellement politique, que j'en désirais l'application, bien que je fusse assuré d'avance que nous aurions peut-être plus de triomphes électoraux par le scrutin d'arrondissement que par le scrutin de liste. J'avais beau accumuler ce que j'avais de raisons dans mon esprit, je me heurtais contre le parti pris de la défiance, et c'est en vain que je m'avançais jusqu'à prédire que l'état-major seul du parti conservateur se sauverait peut-être aux élections par la candidature officielle dans certains arrondissements, mais que tout le reste serait à peu près submergé. Ma prédiction s'est accomplie, et au delà. Le chef même du cabinet d'alors est resté quatre fois sur le carreau.

Eh bien, retenez bien ceci : nous allons aux élections, et j'ose affirmer que, de même que, en 1830, on était parti 221, on est revenu 270, de même en 1877, nous partons 363, nous reviendrons 400 !

Et cette prédiction fut réalisée. Les 363 signataires du manifeste du 18 mai votèrent l'ordre du jour de défiance contre le cabinet de Broglie, ils se présentèrent devant le suffrage universel dans la plus admirable union, et le suffrage universel les renomma[1].

1. Après les élections partielles qui suivirent l'invalidation des députés nommés uniquement grâce à

Le Sénat ayant voté la dissolution, *la mort dans l'âme*, la Chambre se sépara le 25 juin et le pays fut livré à quatre mois de dictature. Gambetta resta l'organisateur et le chef de la résistance républicaine. Ce fut lui qui maintint l'accord de tous les républicains. Ce fut lui qui soutint et exalta les courages par la fierté impassible de son attitude, par sa constante belle humeur, par les discours de Versailles (24 juin), de Lille (15 août), du Château-d'Eau (1er octobre). Il dit à Lille :

Messieurs, qu'a fait le pays ? Il a été admirable ; il l'est encore, et il le restera devant ce désordre. Car il y a désordre, car déjà la rupture est dans leurs rangs. L'appétit du pouvoir pouvait bien les réunir contre la République, mais après avoir obtenu le pouvoir, ils devaient se diviser sur la question du sort à faire à la France, au moment du partage de ses dépouilles.

On s'est donc divisé. La rupture s'est produite et, aujourd'hui, on parle de faire rentrer le Centre gauche, comme une brebis égarée, dans le bercail du gouvernement. Vous savez quelle réponse a été faite à ces avances par ce groupe politique qui a pris une

la pression officielle, la chambre compta 394 républicains contre 141 réactionnaires.

si grande part des sympathies de l'opinion. Il a répondu : Je ne vous connais pas, ou plutôt je ne vous
connais plus. Et aussitôt il a eu à essuyer les outrages de la presse à gages.

Le pays est resté calme en face de toutes les provocations. On lui a enlevé toutes les commodités de
l'existence politique. On a fermé les cercles, interdit les réunions, empêché la circulation des journaux
dans les lieux où on avait l'habitude de les rencontrer.
On a épuisé contre l'opinion tous les moyens qui
pouvaient faire espérer de la réduire ou de l'étouffer.
Je n'énumérerai pas devant vous cette longue liste
d'excès de pouvoir, d'abus d'autorité qui ont été
déférés aux tribunaux et qui attendent la fortune
diverse de la justice ordinaire ou de la justice administrative. Non, ce serait là un exposé fastidieux ;
mais je tiens à prendre acte de ces nombreux procès,
de ces résistances judiciaires et légales, opposées
sur tous les points de la France à la politique à outrance du 24 mai. Non pas qu'il soit très bon, très
encourageant pour l'avenir, de voir l'autorité dis-
cutée dans les prétoires du pays ; mais la nécessité
est la loi de la politique et, lorsque, dans une
grande démocratie où les émotions légitimes peuvent
se transformer si aisément en mouvements populaires
désordonnés, où l'on est si prompt à ne pas s'en rapporter aux lois et à la raison ; où l'on a peut-être trop
sacrifié, dans le passé, à un besoin de générosité et
de courage à tout propos contre les vexations du

pouvoir, — je dis qu'il est notable, qu'il est heureux
de voir que, sous le coup des provocations qui se
sont produites dans ces derniers temps, la démocratie française ait pris définitivement pour méthode
la résistance légale et juridique aux empiétements
du pouvoir personnel.

Il terminait par ces mots :

Quand la France aura fait entendre sa voix souveraine, croyez-le bien, Messieurs, il faudra se soumettre ou se démettre.

Et cette formule devint le cri électoral.

Le duc de Broglie, exaspéré, ordonna de
poursuivre Gambetta. Les tribunaux rendaient
tous les services qui leur étaient demandés.
L'orateur républicain fut condamné par défaut
à trois mois de prison et 2,000 francs d'amende;
(10e Chambre du tribunal de la Seine, 11 septembre.)

Cependant une grande épreuve était réser-
vée au parti républicain. Le 3 septembre,
Thiers mourut subitement à Saint-Germain,
au moment même où il venait d'arrêter avec
Gambetta son plan de campagne pour le len-

chemain de la victoire électorale. Comme il
sentait assuré de reprendre la plus éclatante
revanche du 24 mai, il avait fait choix de
Gambetta comme son premier collaborateur
A toute époque, la mort d'un homme tel que
Thiers eût été pour le parti libéral une perte
cruelle. A la veille des élections générales d'octobre, alors que Thiers était, dans la pensée de
de tous, le candidat désigné pour remplacer à
la présidence de la République le maréchal de
Mac-Mahon vaincu par le suffrage universel, il
sembla d'abord que cette mort serait une catastrophe pour la démocratie. Elle paraissait
destinée à ramener à la réaction les voix des
conservateurs les plus récemment convertis à
la République. Elle pouvait susciter dans le
camp des 363 des compétitions dangereuses
Elle rendait au gouvernement du 16 mai la
confiance qui commençait à lui manquer.

C'est dans la grave situation créée par la
mort de Thiers que le parti républicain
montra vraiment qu'il était le seul digne de
gouverner la France. S'il fut effrayé par la
disparition soudaine de son chef le plus illustre,

il ne le fut qu'un jour. Dès le lendemain, à la voix de Gambetta, il se rallia et continua sans d'hésitation la lutte contre le Seize mai. Il paya à Thiers le tribut d'hommages et de regrets que méritait la mémoire du premier président de la République et du libérateur du territoire. Il lui fit de magnifiques funérailles et il se mit à l'œuvre, pour la défense de la République et des conquêtes de 1789, montrant ainsi que les leçons de ses orateurs patriotes n'avaient pas été perdues pour lui.

Ce fut Gambetta qui conduisit ce second mouvement, comme il venait de diriger, d'accord avec Thiers, celui du 17 mai, et il débuta par un acte de grande sagesse et de plus grand désintéressement. Comme la réaction cherchait à exploiter la mort de Thiers pour poser la question électorale entre Gambetta et le maréchal, Gambetta n'hésita pas : chef reconnu de la résistance républicaine, maître d'une popularité immense que le procès intenté contre lui pour le discours de Lille avait encore décuplée, il pouvait aspirer, dans le cas probable de la victoire des 363, à la succession de

M. de Mac-Mahon, il s'effaça devant M. Jules
Grévy. Il fut le premier à prononcer le nom
de l'ex-président de la Chambre des députés
comme celui du candidat éventuel du parti
républicain à la présidence de la République.
« M. Grévy ! s'écriait le *Français*, journal du
duc de Broglie. Mais il ne compte pas en Europe ! il n'est pas connu dans nos villages ! »
Ce fut Gambetta qui dit, dans son discours du
9 octobre, quel était M. Grévy, quels étaient
alors ses titres à la confiance du parti républicain, — et la voix de Gambetta fut entendue.

Les élections du 14 octobre donnèrent la
victoire à la cause républicaine.

Les députés républicains qui avaient signé
le manifeste des 363 étaient réélus au nombre
de 327. Toute la pression officielle n'avait
augmenté la minorité cléricale que de 36
voix.

Gambetta avait été élu dans le XX° arrondissement de Paris par 13,913 voix sur 15,720
votants et 18,586 électeurs inscrits.

Le Sénat et la Chambre des députés se réu-
nirent le 7 novembre. La majorité républicaine

constitua aussitôt un comité de 18 membres, chargé de préparer pour elle et au besoin de prendre en son nom les résolutions que pourraient rendre nécessaires les périls de la situation. Gambetta était l'âme de ce comité [1].

La Chambre se constitua en trois jours. Après avoir validé sans débat les élections des députés républicains et des quelques députés de droite qui avaient refusé l'affiche blanche, elle renomma tout l'ancien bureau, pour bien marquer qu'elle se considérait comme la continuation de la Chambre de 1876 et la lutte contre le cabinet du 17 mai commença aussitôt.

Le 12 novembre, M. Albert Grévy déposa au nom du comité des Dix-huit un projet de résolution tendant à la nomination d'une commission de 32 membres pour faire une enquête parlementaire sur les actes du gouvernement.

1. MM. Gambetta, Bethmont, Jules Ferry, Louis Blanc, Léon Renault, Floquet, Madier de Montjau, Clémenceau, Proust, Goblet, Albert Grévy, Lockroy, Tirard, Brisson, de Marcère, Horace de Choiseul, Germain et Lepère furent désignés comme membres de ce comité.

Gambetta défendit cette proposition dans un éclatant réquisitoire contre la politique bonapartiste et cléricale qui avait été suivie depuis six mois. Les amis du duc de Broglie annonçaient partout que le Sénat voterait une seconde dissolution de la Chambre ; Gambetta répliqua :

Si le Sénat, que je suis bien loin d'accuser de ces excès d'ambition, qui peut-être se trouvera un de ces jours le premier intéressé à barrer la route à vos entreprises, si le Sénat s'arrogeait un pareil droit de reviser les élections du suffrage universel, de déchirer les titres de la Chambre des députés, après que le conflit a été soumis au pays et résolu par lui, alors le Sénat ne serait plus une chambre haute : ce serait une Convention ; il serait cette Convention dont vous parlez tant, et parce que ce serait une Convention blanche, ce ne serait ni la moins redoutable, ni la moins criminelle.

Mais, Messieurs, j'ai confiance. Je me rappelle parfaitement dans quelles circonstances le Sénat a été créé. Je sais par quels hasards, par quel jeu cruel de la mort, la majorité a pu s'y déplacer au profit de nos adversaires naturels, je sais toutes ces choses, il en est une autre que je sais également : c'est que le Sénat, comme la constitution elle-même, est sorti d'un éclair de patriotisme. Je connais les hommes qui ont fait cette constitution, à laquelle vous ne vous êtes ralliés qu'à la dernière heure pour l'exploiter et la retourner contre la France ; ceux-là je les adjure, et comme conservateurs, et comme parlementaires, et comme libéraux, et comme patriotes, de prendre en main une dernière fois et le soin de leur propre cause et le soin de la cause de la liberté. Je les adjure, il en est temps encore, de faire justice de cette politique qui vient dire ici qu'elle avait donné sa démission, et qui l'a reprise. Arrière ces défaites ! La vérité, c'est que vous vous cramponnez au pouvoir ; la vérite, c'est que vous n'hésitez pas à perdre celui-là même dont vous exploitez le point d'honneur contre son devoir constitutionnel, — et vous n'hésitez point pour sauver quelques heures de cette domination dont vous n'avez pas l'ambition, mais dont vous avez la gloutonnerie! (15 novembre).

Le projet de résolution du comité des Dix-Huit fut alors adopté par 312 voix contre 205 et M. de Broglie se retira le 19 novembre.

Cependant le maréchal ne voulut point encore s'incliner et il tenta une dernière résistance. Le cabinet du 23 novembre, présidé par le général de Rochebouët, fut composé uniquement de personnages étrangers au parlement et presque tous engagés à fond avec la réaction. Ce ministère était une menace de dissolution violente. Gambetta ne se laissa pas intimider. Sur sa proposition, le comité des Dix-Huit chargea M. de Marcère de signifier au cabinet que la Chambre refusait d'entrer en rapport avec lui. Et cela fut fait, à la majorité de 215 voix contre 204, le 24 novembre.

Ce vote courageux était le rappel de la fameuse alternative du discours de Lille : « Se soumettre ou se démettre. » Mais le maréchal s'obstina. Il repoussa durement les avis de tous ceux, sénateurs du centre droit ou députés républicains, qui le suppliaient, au nom de l'intérêt public, de se résigner et de former un cabinet de gauche. La coterie de l'Élysée lui persuada que sa soumission serait la mort du parti conservateur et la ruine du pays. Des bruits de complot militaire furent mis en circulation. Puisque les amis du duc d'Audiffret-Pasquier et de M. Bocher refusaient de prêter leur concours à une nouvelle dissolution de la Chambre, M. de Fourtou et le général de Rochebouët se firent les avocats d'un coup d'État. On sommerait la Chambre de voter le budget, et si la Chambre refusait, on passerait outre, les contributions directes seraient promulguées par décret, on proclamerait l'état de siége, on arrêterait Gambetta et ses collègues du comité des Dix-Huit, le général Ducrot balaierait la Chambre... Tels étaient les projets criminels que la presse bonapartiste prônait tous les jours et que des conseillers factieux osaient apporter à l'Élysée. Le maréchal ferma sa porte aux députations de l'industrie et du commerce qui demandaient à l'entretenir des souffrances croissantes du pays, des affaires arrêtées, de l'inquiétude générale. La crise, d'heure en heure, devint plus aiguë. On put se croire pendant quelques jours à la veille d'une guerre civile.

Dans ces redoutables circonstances, le comité des Dix-Huit, dirigé par Gambetta, fit preuve d'une sagesse et d'un courage à tout épreuve. Ce fut lui qui maintint, à travers les agitations de la crise, l'union de la majorité républicaine de la Chambre et qui ne cessa d'opposer à la résurrection du pouvoir personnel la volonté souveraine du suffrage universel,

telle qu'elle s'était manifestée au 14 octobre.
Il sut le faire sans faiblesse comme sans violence, tout en préparant, dans l'éventualité
d'un coup d'État, la résistance par la force. Et
la République fut sauvée.

Le 4 décembre, la Chambre prit une résolu·
tion énergique. Elle décida, après avoir entendu Gambetta et M. Jules Ferry, de ne se
dessaisir de l'arme suprême du budget qu'en
faveur d'un cabinet républicain.

Le discours de Gambetta se terminait par
ces mots :

Après l'interruption absolument impolitique et
illégale que la France a subie dans sa vie parlementaire depuis le 16 mai, nous avons essayé, dans la
mesure de nos forces, de ne pas priver le pays des
ressources qu'il prodigue et sur lesquelles il est en
droit de compter pour le fonctionnement de ses
affaires publiques ; ce budget général, nous l'avons
préparé ; les rapports sont là ; nous les déposons sur
la tribune du corps législatif.

Alors, en règle avec nos devoirs, prêts à la dis
cussion et au vote de tous ces budgets, nous adressant encore au pays, nous ajouterons : Nous, nous
sommes prêts ; mais nous ne livrerons notre or, nos
charges, nos sacrifices, le produit de notre dévoue-

ment, que lorsqu'on se sera incliné devant la volonté qui a été exprimée le 14 octobre, à savoir si, en France, c'est la nation qui gouverne ou un homme qui commande.

Le 5 décembre, en présentant la candidature d'Émile de Girardin aux électeurs du IXe arrondissement de Paris, Gambetta fit un nouvel appel à la calme énergie de ses amis. Ce discours produisit une immense impression, et le maréchal commença enfin à hésiter. Il négocia encore en pure perte, pendant quelques jours, avec les chefs de la droite. Mais ces chefs eux-mêmes devenaient indécis, effrayés par l'attitude intrépide du parti républicain. L'armée était fidèle à la loi. L'Europe se montrait de plus en plus antipathique aux projets de résistance. M. Duclerc, M. Grévy et le duc Pasquier firent de pressantes démarches à l'Élysée. Et le maréchal se laissa convaincre : il se soumit et M. Dufaure fut chargé de former un nouveau gouvernement (13 décembre).

Le 16 mai était définitivement vaincu; il l'avait été surtout par Gambetta.

VII

LA PROGRAMME DE ROMANS.

Mais alors, presque immédiatement, commença pour lui la période la plus difficile de sa vie politique. En effet, le chef reconnu, acclamé de la démocratie républicaine ne pouvait pas être, quoi qu'il fit, un président de la commission du budget comme un autre. « Tant vaut l'homme, tant vaut la fonction » est un vieux proverbe. Les circonstances contribuèrent naturellement à grandir l'autorité de Gambetta comme directeur du principal comité parlementaire, et ses qualités personnelles la grandirent encore : le zèle et l'activité qu'il mettait à s'informer par lui-même des moindres détails, l'énergie d'impulsion qu'il apporta à l'œuvre tout entière de la commission, la hardiesse avec laquelle il poursuivit l'accomplissement des réformes démocratiques, la fermeté dont il fit preuve à chaque occasion pour la défense des droits essentiels de l'Etat et des prérogatives indispensables du pouvoir. Alors même qu'il avait été dans l'opposition, Gambetta s'était montré résolûment, dans toute la force du mot, un homme de gouvernement. Maintenant, dans un pays où l'idée de gouvernement avait subi, depuis plusieurs années, de très rudes atteintes, il put sembler parfois qu'une partie de l'État s'incarnait en lui. Comme il était l'ami personnel de tous les collègues de Dufaure et qu'il avait publiquement approuvé, dans son ensemble, le programme politique du cabinet du 14 décembre, comme ses conseils étaient recherchés par tous et généralement estimés sages, compétents et judicieux, comme il était reconnu qu'on se trouvait bien de suivre ses avis parce qu'ils répondaient d'ordinaire, d'une manière exacte, aux nécessités de la situation et aux aspirations du pays, un courant régulier de communication s'établit entre les ministres et lui, et Gambetta fut con- sulté sur presque toutes les grandes affaires.

Tout cela assurément était loin de constituer pour le développement des institutions répu- blicaines une situation défavorable. Dans les conditions du moment, entre la mauvaise hu- meur de l'Élysée vaincu et l'hostilité sourde de la majorité réactionnaire du Sénat, c'était même le seul *modus vivendi* qui permît d'em- ployer d'une manière efficace, au service de la démocratie, toutes les bonnes volontés et toutes les influences. Et l'immense majorité du parti républicain le comprenait ainsi. Mais comme cette situation ne répondait pas à la vérité parlementaire et comme la bonne foi n'est pas sans mélange dans le monde poli- tique, il arriva qu'elle donna lieu à des méprises volontaires, à des soupçons perfides et aux accusations les plus injustes. L'influence aussi légitime que féconde de Gambetta fut traitée amèrement de pouvoir occulte. Les ministres furent accusés de marcher servile- ment à sa remorque. On recommença ainsi la légende mensongère qui avait été l'un des prétextes du 16 mai. La réaction battue aux élections et de plus en plus impopulaire y apporta toutés ses rancunes et tous ses dépits. Il se trouva des républicains qui se firent, d'abord en cachette, puis avec moins de pudeur, les collaborateurs de la réaction dans cette noble entreprise. Ce n'était apparemment ni l'envie ni la jalousie, ni aucun sentiment mesquin qui guidaient ces hommes. Faire passer des ministres de la République qui s'appelaient Léon Say, Pothuau, Teisserenc de Bort, Waddington et Bardoux pour les complaisants serviles d'un homme d'État démocrate et présenter ce patriote pour un ambitieux sans scrupule, désireux avant tout d'avoir les avantages du pouvoir sans la responsabilité, c'était sans doute une œuvre très républicaine !...

Ainsi commença la savante campagne du « parti bâtard » contre Gambetta et son premier résultat fut d'affaiblir, dès la fin de l'année 1878, le ministère Dufaure. Des rumeurs de crise circulèrent, et, vers le mois de décembre on prêta couramment au maréchal de Mac-Mahon l'intention de faire un grand pas en avant et d'appeler Gambetta à la première occasion. Le maréchal y songea, en effet, mais seulement pendant quelques jours. Pour Gambetta, averti par le bruit public, il déclara à ses amis qu'il était décidé à se rendre à l'appel éventuel du président de la République avec un exemplaire du récent discours de Romans comme programme. C'eût été fort logique et sans doute très heureux. Cela ne fut pas.

L'année 1878 compta plusieurs discours importants de Gambetta, tant comme président de la commission du budget que comme chef de la majorité républicaine. Lorsque l'amiral Touchard demanda des modifications au règlement sur la validation des pouvoirs des députés, ce fut Gambetta qui lui répondit pour flétrir, comme il devait le faire encore quelques jours plus tard, à Belleville, la honte des candidatures officielles et des pressions gouvernementales :

J'ai horreur, disait-il, des représailles en politique; je ne les veux pas plus chez nous qu'on ne les supporte chez les autres. Ce n'est pas par esprit de représailles que nous agissons ; non, non ! c'est par esprit d'enseignement. Il faut que dans le dernier hameau de France on sache à quels attentats on **avait** osé se porter contre la souveraineté nationale. Il faut que le suffrage universel connaisse l'étendue de ses droits et l'étendue des insultes qu'il a failli subir. C'est là l'éducation publique et politique, et, dans ce pays qui n'existe, qui n'a d'ordre, de stabilité et de puissance que par l'exercice du suffrage universel, instruire, moraliser le suffrage universel, c'est ins, truire, moraliser la nation, c'est assurer le présent- c'est fonder l'avenir.

Et pendant qu'il poursuivait cette campagne, il soutenait résolument le gouvernement contre les impatiences de quelques uns de ses amis, contribuant ainsi pour une large part à assurer un magnifique succès à l'Exposition universelle et à asseoir la République sur d'inébranlables bases. Il reprenait encore, à chaque occasion, sa politique favorite, la grande et noble politique de réconciliation nationale ; il dit ainsi au centenaire de Voltaire :

Quant à moi, je me sens l'esprit assez libre pour être à la fois le dévot de Jeanne la Lorraine, et l'admirateur et le disciple de Voltaire.

Enfin, pendant les vacances parlementaires,

il donna à Romans le 18 septembre, à Grenoble et au banquet des commis voyageurs, à Paris, l'ensemble du programme qui devait être, à son avis, celui de la démocratie républicaine. Il y montra comment la constitution du 24 février, quelque imparfaite qu'elle fût, s'imposait au respect de tous, et il exhortait ses amis à préparer de toutes leurs forces la victoire décisive, celle des élections du 5 janvier pour le renouvellement du tiers du Sénat. La deuxième étape du parti républicain devait être employée à résoudre ces questions : l'épuration des administrations, de façon à ce qu'on cessât de voir un gouvernement voulu et acclamé par tout le pays, mais contrarié constamment par ses fonctionnaires, — l'organisation définitive des forces nationales, l'armée représentation fidèle de la patrie, ne servant plus qu'à son honneur et à son indépendance, tenue à l'écart de toute politique, au-dessus de l'arène des partis, — la réforme de la magistrature avec une investiture nouvelle pour assurer la triple protection de l'État, du citoyen et du juge, — les rapports de l'Église et de

l'État, réglés conformément aux vrais principes du Concordat :

Que n'a-t-on pas dit à ce sujet ? On est descendu
dans le domaine inviolable de nos consciences, et on
a voulu interpréter notre politique à la lueur de
notre philosophie. Je n'admets pas plus cette inter-
prétation que je n'admets que, contre un adversaire
politique, je puisse m'emparer des sentiments intimes
de sa conscience religieuse pour combattre sa thèse
politique. Mais j'ai le droit de dénoncer le péril que
fait courir à la société française, telle qu'elle est
constituée et qu'elle veut l'être, l'accroissement de
l'esprit non-seulement clérical, mais vaticanesque,
monastique, congréganiste et syllabiste, qui ne craint
pas de livrer l'esprit humain aux superstitions les
plus grossières en les masquant sous les combinaisons les plus subtiles et les plus profondes, les combinaisons de l'esprit d'ignorance cherchant à s'élever
sur la servitude générale.

Nous ne pouvons donc nous dispenser de poursuivre la solution ou au moins la préparation de la
solution des rapports de l'Eglise, — je sais bien que,
pour être correct, je devrais dire des Églises, — avec
l'État; mais si je ne dis pas des Églises, c'est que
vous l'avez senti, je vais toujours au plus pressé. Or
il faut rendre justice à l'esprit qui anime les autres
Églises, et s'il y a chez nous un problème clérical,
ni les protestants, ni les juifs n'y sont pour rien : le

conflit est fomenté uniquement par les agents de l'ultramontanisme.

J'ai le droit de dire, en montrant ces cléricaux,
servis par 400,000 religieux, en dehors du clergé sé-
culier, ces maîtres en l'art de faire des dupes et qui
parlent du péril social : le péril social, le voilà ! Et
savez-vous quelles réflexions m'a depuis longtemps
inspirées cet antagonisme ? C'est que cet État français, dont je vous parlais tout à l'heure, on l'a soumis à un siège dans les règles et que chaque jour on
fait une brèche dans cet édifice. C'était la main-
morte, aujourd'hui c'est l'éducation. En 1849 c'était
l'instruction primaire, en 1850 c'était l'instruction
secondaire, en 1876, c'était l'instruction supérieure.
Tantôt c'est l'armée, tantôt c'est l'instruction publique, tantôt c'est le recrutement de nos marins.

Partout où peut glisser l'esprit jésuitique, les cléricaux s'infiltrent et visent bientôt à la domination,
parce que ce ne sont pas des gens à abandonner la
tâche.

Quand l'orage gronde, ils se font petits, et il y a
ceci de particulier dans leur histoire, que c'est toujours quand la patrie baisse que le jésuitisme monte !
Eh bien, Messieurs, savez-vous ce que disent les
défenseurs de l'ultramontanisme ? Ils disent que nous
sommes les ennemis de toute religion, de toute indépendance de la conscience, que nous sommes des
persécuteurs, que nous avons soif de faire des martyrs, et si je proteste ici, ce n'est pas sans un sentiment de honte d'avoir à relever de pareilles ineptics,

mais, puisque j'y suis condamné par la bassesse de mes adversaires, je vais m'y résigner.

Non, nous ne sommes pas les ennemis de la religion, d'aucune religion : nous sommes, au contraire, les serviteurs de la liberté de conscience, respectueux de toutes les opinions religieuses et philosophiques. Je ne reconnais à personne le droit de choisir, au nom de l'État, entre un culte et un autre culte, entre deux formules sur l'origine des mondes ou sur la fin des êtres. Je ne reconnais à personne le droit de me faire ma philosophie ou mon idolâtrie : l'une ou l'autre ne relève que de ma raison ou de ma conscience ; j'ai le droit de me servir de ma raison et d'en faire un flambeau pour me guider après des siècles d'ignorance, ou de me laisser bercer par les mythes des religions enfantines.

La fin de l'année 1878 fut marquée par deux incidents. Gambetta se battit en duel avec M. de Fourtou dont il avait traité les assertions de « mensonges » [1] (18 novembre), et il reparut au Palais, comme avocat de M. Challemel-Lacour, dans le procès intenté par son ami au journal légitimiste, *la France Nouvelle*, qui l'avait bassement calomnié. Il réclama dans son plaidoyer la transformation de la

1. Chambre des députés, séance du 17 novembre.

pénalité des délits de presse, par la substitution, suivant la mode anglaise, de fortes amendes à l'emprisonnement.

Le 5 janvier 1879, le renouvellement triennal du Sénat donna une majorité imposante au parti républicain, et le 20 du même mois, le maréchal de Mac-Mahon adressa aux Chambres sa démission de président de la République.

Gambetta refusa alors les avances de ses amis qui voulaient poser sa candidature à la succession du maréchal et il fut avec éclat le grand électeur de M. Jules Grévy. L'opinion s'attendait à le voir appelé aux affaires. Il n'en fut rien. Le nouveau président de la République ne sut pas comprendre où étaient la vérité et la logique parlementaire ; il ajourna les offres de service de Gambetta, il lui suggéra l'un des premiers l'idée de se porter candidat à la présidence de la Chambre des députés, et *l'homme nouveau* qui fut chargé de former le cabinet, ce fut M. Waddington.

Gambetta fut nommé président de la Chambre par 314 voix sur 405 votants.

VIII

LA PRÉSIDENCE DE LA CHAMBRE.

Nous rappelons très brièvement quelle fut,
pendant les trois années de sa présidence de
la Chambre, la conduite politique de Gambetta
et de quelle façon il comprit le rôle qui lui
était échu. Ce qu'il avait été de 1876 à 1879
comme président de la commission du budget,
il le fut plus encore de 1879 à 1881 comme
président de la Chambre. Il occupait dans la
démocratie une place trop importante pour
qu'il fût possible aux ministres en exercice
d'ignorer ou de négliger son sentiment sur les
questions importantes qui se présentaient.
Son patriotisme et son souci des intérêts de la
République étaient trop connus pour que le
pays tout entier ne tînt pas en grande consi-

dération la sympathie qu'il témoigna presque constamment à trois ministères consécutifs.

Aussi, ce que M. Clémenceau et M. de Broglie baptisèrent alors, de concert, *pouvoir occulte*, ce ne fut réellement, selon une judicieuse formule, que la *dictature de la persuasion*. Et l'on pensa généralement, à cette époque, que cette puissance s'exerçait pour le bien de la République, — soit qu'il s'agît de former des majorités parlementaires ou populaires en faveur des projets de M. Jules Ferry (lois sur l'enseignement obligatoire, gratuit et laïque ; lois sur l'enseignement secondaire et supérieur), de M. Léon Say ou de M. de Freycinet (lois sur les grands travaux publics) ; — soit qu'il s'agît de soutenir, non sans péril, les combinaisons diplomatiques qui avaient été formées par M. Waddington à ce congrès de Berlin où la *République française* avait demandé que le cabinet du 14 décembre ne fît pas représenter la France ; — soit enfin qu'il fallût, après avoir épargné à la Chambre la lourde faute du procès des ministres, convertir successivement à la nécessité de l'amnistie plénière le cabinet présidé par M. de Freycinet, la Chambre des députés et le Sénat. Sur le choix des fonctionnaires, sur la préparation des projets de loi, Gambetta, chaque fois qu'il fut consulté, ne donna également que des conseils qui furent jugés alors sages et prudents. Les républicains unis entre eux et la République ouverte à la France, tels étaient les deux buts élevés qu'il se proposait parce que travailler à atteindre ces buts, c'était travailler au relèvement de la patrie.

Le retour des Chambres à Paris fut, pour la plus grande part, l'œuvre de Gambetta [1]. Il fut ensuite, le 21 juin 1880, le principal auteur de la loi de l'amnistie plénière.

La fête nationale de la République avait été fixée au 14 juillet, et la première fois que cette fête allait être célébrée, le Président de la République devait distribuer à l'armée ses nouveaux drapeaux. N'était-ce pas là une occasion admirable, unique, de ne rien épargner

1. Il s'était installé au Palais Bourbon dès le lendemain de sa nomination comme président de la Chambre et il fut le président de la commission chargée par le Congrès de réviser l'article 5 de la Constitution.

pour calmer, en l'honneur de cette manifestation patriotique, les passions et les haines ? N'était-ce pas le jour désigné entre tous pour débarrasser le pays de l'affreux « haillon de guerre civile ? » Gambetta le pensa et il entreprit de gagner tour à tour à cette vérité le président du conseil et ses collègues, la majorité des députés et sénateurs républicains. M. Grévy et M. de Freycinet se montrèrent longtemps rebelles. M. de Freycinet, qui avait commencé par ajourner l'amnistie au vingtième siècle, déclarait encore le 15 juin que le ministère ne pouvait se résigner à l'amnistie, qu'il allait mettre à l'*Officiel* des grâces générales. Cependant, dans une réunion générale des chefs de la majorité républicaine, l'opinion de Gambetta l'emporta, et le 19 juin un projet de loi portant amnistie plénière pour tous les condamnés de l'insurrection de 1870 et de 1871 fut déposé sur le bureau de la Chambre.

La Chambre discuta ce projet dans la séance du 21 juin.

La majorité était singulièrement agitée. La sagesse des électeurs de Lyon qui, quatre semaines auparavant, avaient nommé M. Ballue contre Blanqui, inéligible, avait été une des causes déterminantes des nouvelles dispositions de l'Assemblée. Or, l'exemple de ce respect de la loi n'avait pas été suivi par Paris. Dans l'intervalle des séances du 19 juin, où M. de Freycinet déposait son projet, et du 21, où la Chambre était appelée à se prononcer, les électeurs municipaux du quartier du Père-Lachaise (XXᵉ arrondissement), nommaient M. Trinquet, ancien membre de la Commune déporté à Nouméa, contre M. Letalle, candidat républicain. Les déclamations de la presse intransigeante l'avaient emporté dans ce quartier sur tous les efforts de Gambetta.

Cette victoire de l'intransigeance semblait annoncer la défaite de l'amnistie.

Mais Gambetta rétablit la bataille par un de ses plus magnifiques discours. « La question, disait-il, n'est pas mûre, elle est pourrie, elle n'est plus qu'un brandon de discorde, le pays désire en être délivré, la mesure elle-même n'effraye plus l'Europe. »

Et il terminait par cette superbe prosopopée qui emporta le vote :

Après avoir écouté, interrogé le pays, je suis arrivé à cette solution : Non, la France n'est pas passionnée pour l'amnistie, elle n'y apporte ni ardeur ni enthousiasme, elle sait ce que lui a coûté cette série de crimes ; elle sait quelle a été la rançon de cette folie inoubliable ! Non, elle n'est pas passionnée pour l'amnistie, et, si elle n'avait qu'à prononcer un arrêt, il serait bien vite écrit en caractères ineffeçables.

Mais, Messieurs, si la France ne subit pas d'entraînement vers l'amnistie, elle éprouve un sentiment que les hommes politiques doivent enregistrer : c'est celui de la lassitude... elle est fatiguée, exaspérée d'entendre constamment se reproduire ces débats sur l'amnistie, dans toutes les questions, à propos de toutes les élections, de toutes les contentions électorales, et elle dit à ses gouvernants et à vous-mêmes : Quand me débarrasserez-vous de ce haillon de guerre civile ?

On a dit, et on a dit avec raison, — cela saute aux yeux, — que le 14 juillet étant une fête nationale, un rendez-vous où, pour la première fois, l'armée, organe légitime de la nation, se trouvera face à face avec le pouvoir, où elle reprendra ses drapeaux, hélas ! si odieusement abandonnés... Oh ! oui, il faut que ce jour-là, devant la patrie, il faut qu'à la face du pouvoir, en face de la nation représentée

par ses mandataires fidèles, en face de cette armée
« suprême pensée », comme disait un poète qui lui
aussi, dans une autre enceinte, avant tout le monde,
avait plaidé la cause des vaincus, il faut que vous
fermiez le livre de ces dix années, que vous mettiez
la pierre tumulaire de l'oubli sur les crimes et sur
les vestiges de la Commune, et que vous disiez à
tous, à ceux-ci dont on déplore l'absence, et à ceux-là
dont on regrette quelquefois les contradictions et les
désaccords, qu'il n'y a qu'une France et qu'une République.

La Chambre et le Sénat furent convaincus;
l'amnistie fut votée.

Ce fut là l'apogée de la fortune de Gambetta;
un immense sentiment de reconnaissance emporta encore une fois toute la démocratie vers
lui, il fut acclamé à Belleville, il reçut au
14 juillet les félicitations enthousiastes de l'armée; tous les patriotes le montraient avec
orgueil et joie comme le plus bel espoir du
pays.

Mais dès le lendemain de nouvelles intrigues
souterraines commencèrent. Une allocution
qu'il prononça aux fêtes de Cherbourg où il
avait accompagné le président de la République, fut tronquée par une partie de la

presse, intransigeants et royalistes coalisés, et indignement exploitée contre lui. Voici ce que Gambetta avait dit :

Les grandes réparations peuvent sortir du droit : nous ou nos enfants pouvons les espérer, car l'avenir n'est interdit à personne.

Je veux, en deux mots, répondre à une critique qui a été formulée à cet égard ; on a dit quelquefois que nous avons un culte passionné pour l'armée, cette armée qui groupe aujourd'hui toutes les forces nationales, qui est recrutée, non plus maintenant parmi ceux dont c'était le métier d'être soldats, mais bien dans le plus pur sang du pays ; on nous reproche de consacrer trop de temps à l'examen de la progression de l'art de la guerre, qui met la patrie à l'abri du danger... Eh bien, ce n'est pas un esprit belliqueux qui anime et dicte ce culte, c'est la nécessité, quand on a vu la France tombée si bas, de la relever, afin qu'elle reprenne sa place dans le monde.

Si nos cœurs battent, c'est pour ce but et non pour la recherche d'un idéal sanglant ; c'est pour que ce qui reste de la France nous reste entier ; c'est pour que nous puissions compter sur l'avenir et savoir s'il y a dans les choses d'ici-bas une justice immanente qui vient à son jour et à son heure.

C'est ainsi, Messieurs, qu'on mérite de se relever, qu'on gagne les véritables palmes de l'histoire ; c'est à elle qu'il appartient de porter un jugement définitif sur les hommes et sur les choses ; en attendant, nous sommes des vivants, et on ne nous doit qu'une égale part de soleil et d'ombre, le reste vient par surcroît.

Rien de plus noble et de plus correct que ce discours, mais la jalousie veillait ; Gambetta fut accusé d'avoir prononcé des paroles belliqueuses, et la *campagne de la peur* commença. Désormais on trouva des griefs contre lui dans ses moindres paroles, dans les actes auxquels il était le plus étranger, comme dans la mission du général Thomassin à Athènes et dans la démonstration navale des flottes européennes devant Dulcigno, (démonstration qui était l'œuvre de **M.** Barthélémy-Saint-Hilaire, successeur de **M.** de Freycinet aux affaires étrangères) ; un peu plus tard, dans les critiques dont la diplomatie orientale de ce même ministre fut l'objet de la part de quelques-uns de ses amis. En même temps, les accusations de pouvoir personnel et de visées dictatoriales grandissaient, secrètement encouragées par la coterie de l'Élysée. Les intransigeants, des hommes qui n'étaient rentrés à

Paris que par l'amnistie, œuvre de Gambetta,
se joignirent avec ardeur aux réactionnaires
pour répandre contre lui d'odieuses calomnies
Il ne se passa plus de jour qu'il ne fût injurié,
diffamé, dénoncé au pays comme un César
avide de tyrannie et de guerre. Après n'avoir
répondu pendant longtemps que par le mépris
à ses insulteurs, il en fut réduit un jour à descendre du fauteuil présidentiel pour repousser
du pied ces indignités (21 février 1882) :

Et je pourrais vous dire, Messieurs, puisqu'on m'y
provoque, qu'il y a à cet égard un concert formé,
des fonds réunis, et que pas plus tard que samedi on
a déposé des brochures intitulées ; *Gambetta, c'est la
guerre*, tirées à cent mille exemplaires, et qui sont
la collection de tous les articles ramassés, — car on
n'y regarde pas de bien près, importe d'où vient la
main qui donne, — on va chercher bien loin, pas si
loin qu'autrefois cependant, mais là où on peut les
trouver, — des articles ramassés en Allemagne, en
Italie, en Espagne et en France dans des collections
trop variées pour notre malheur, tous les articles
destinés à répandre cette thèse électorale; on les
imprime et on va les distribuer à profusion: il paraît
que c'est un moyen infaillible !

Oui, il y a dix ans, on a réussi à surprendre la volonté du pays alors que la France faiblissait sur ses

jarrets, sous le poids de l'invasion étrangère ; on lui a arraché un vote en posant la question de paix ou de guerre, et on croit pouvoir recommencer aujourd'hui.

Messieurs, ce calcul sera bafoué par la nation ; la nation saura distinguer entre ceux qui veulent la tromper et l'égarer, et ceux qui l'aiment jusqu'à la mort.

Des acclamations accueillirent ces paroles superbes, mais la campagne de la jalousie et de la haine n'arrêta pas. M. Bardoux, fidèle à la tradition républicaine, avait déposé un projet de loi portant rétablissement du scrutin de liste et Gambetta appuyait le projet. Cela suffit. Il se forma aussitôt une coalition redoutable contre l'abrogation du scrutin de clocher ; le ministère n'osa prendre parti ; le président de la République fit savoir par ses amis qu'il était devenu l'adversaire du scrutin de liste.

La presse *anti-gambettiste* jeta feu et flamme. Le scrutin de liste, c'était à brève échéance la dictature de Gambetta et la guerre. Gambetta avait dans sa poche ses listes toutes prêtes. Il ne *ferait élire* que des hommes à lui. Adieu les nominations de percepteurs et de gardes-champêtres ! Adieu l'immixtion féconde des députés dans une administration de plus en plus détraquée! Adieu la politique de personnes, de rancunes, de coalitions, d'intérèts locaux ! Gambetta, après s'être fait plébisciter dans soixante-six départements, ne ferait de tous les droits et de toutes les libertés du pays qu'une bouchée. On connaissait l'insatiable ambition de l'avocat de Delescluze, du mauvais citoyen qui avait organisé la Défense nationale et qui avait vaincu le 16 Mai. Quand on avait épuisé toutes les séductions, tous les appels aux intérêts particuliers et toutes les invocations à la peur, alors on parlait de la baignoire d'argent du Palais Bourbon et des déjeuners corrupteurs où Trompette accommodait aux truffes le scrutin de liste...

Cependant, il se produisit un mouvement d'opinion considérable en faveur de la réforme électorale, et le 22 mai, à la suite d'un discours de Gambetta qui resta sans réponse, la Chambre vota le projet de loi de M. Bardoux à

8 voix de majorité. Gambetta s'était surpassé dans ce débat. Jamais encore il n'avait trouvé, pour exposer la politique tirée du suffrage universel, de plus puissants accents. Le scrutin d'arrondissement, c'était fatalement la désunion du parti, le maintien d'une redoutable minorité anti-constitutionnelle à la prochaine Chambre, et alors, par une suite de conséquences fatales, la désorganisation, la destruction de toutes les idées de gouvernement, les meilleurs esprits pervertis les uns après les autres par la pratique essentiellement corruptrice du petit scrutin, et pervertis au point de perdre l'intelligence des plus grands intérêts du pays tant à l'intérieur qu'à l'étranger ; la démocratie sans boussole ; le patriotisme effaré ; le recul de la République dans le pays et de la France dans le monde...

Eh bien, Messieurs, je vous soumets ces considérations. Si le besoin s'en fait sentir, je vous demanderai de remonter à cette tribune ; mais, avant d'en descendre, permettez-moi de vous dire que c'est dans ce pays-ci surtout qu'il faut que le régime électoral ne laisse prise à aucune revendication, ni de la part des minorités, ni de la part des déshérités : qu'il faut qu'un gouvernement d'opinion, lorsqu'il est fondé, s'inspire et se retrempe incessamment à la plus grande source de l'esprit public, et je dis qu'en dehors du suffrage universel consulté par le scrutin de liste, ce ne sont que des ruisseaux qui se perdent dans le sable avant d'arriver au pied de cette tribune. L'avenir est dans vos mains, car il dépend du régime que vous choisirez.

Il dépend de vous que la République soit féconde et progressive, ou bien qu'elle soit vacillante et chancelante entre les partis ; il dépend de vous qu'il surgisse ici un véritable parti de gouvernement, compact et sérieux, pour mener la France jusqu'au bout de ses glorieuses destinées. Vous êtes les maîtres.

Oui, vous prononcerez. A votre tour, vous direz : *Beati possidentes*, ou vous reviendrez à la tradition vraie, à la tradition républicaine. Je vous y adjure ! Pensez au pays. Passez en revue les vices, les abus, l'impuissance du régime auquel nous sommes condamnés, et considérez, de l'autre côté, ce torrent de forces, de puissance, d'énergies que vous pouvez recueillir à même dansle plein courant de la souveraineté nationale ; et alors vous n'hésiterez pas à porter résolument la main sur un régime qui ne peut donner aucune vitalité. Vous voudrez échapper à cet amer reproche par lequel je finis ; vous ne voudrez pas encourir la sentence du poëte romain : Pour sauver leur vie, ils ont perdu les sources de la vie même...

Propter vitam vivendi perdere causas !

Mais s'il se trouva une majorité à la Chambre pour être persuadée, il n'en fut pas de même au Sénat. Gambetta étant allé dans sa ville natale de Cahors pour inaugurer le monument des mobiles du Lot tués pendant la guerre, ce voyage fut habilement transformé par la presse ennemie en un insolent triomphe. Il avait fait à Cahors, le 28 mai, un éclatant éloge du président de la République et il avait recommandé l'ajournement, si le scrutin de liste était voté par le Sénat, du projet de révision constitutionnelle que proposait M. Barodet. L'Élysée répondit en continuant avec une ardeur nouvelle la campagne contre le projet Bardoux : il l'emporta, et le Sénat repoussa le marché qui lui avait été si franchement offert.

« Si Gambetta était mort ce matin, j'aurais voté le projet Bardoux, » disait un sénateur du centre gauche dissident au moment du scrutin secret. Tout était là. Les amis de M. de Broglie et de M. Jules Simon ne votèrent pas contre le scrutin de liste parce qu'ils le trouvaient en soi mauvais ou dangereux. Ils votèrent contre Gambetta, qui était l'avocat de la réforme électorale, pour chercher par cet échec, et ils y réussirent, à l'affaiblir dans le présent et à l'entraver dans l'avenir. Mais ce ne fut pas seulement Gambetta qu'ils affaiblirent; ce fut par une suite de conséquences logiques, la démocratie et la république elle-même. L'intransigeance et la réaction ne cachèrent pas leur joie.

L'ère des difficultés était terminée. C'était l'ère des fautes qui commençait.

C'est ainsi, en premier lieu, que la Chambre eut le tort de ne pas répliquer au vote du 9 juin, comme le lui avait conseillé M. Bardoux, d'accord avec Gambetta, en demandant au président de la République de convoquer les colléges électoraux pour le 17 juillet. Puis le cabinet ne sut pas avouer franchement que l'expédition de Tunisie avait changé de caractère et qu'il lui fallait, pour la mener à bonne fin, des sacrifices d'hommes et d'argent. On ne pratiquera plus de part et d'autre que la plus funeste des politiques : la politique électorale. Enfin les élections, d'abord ajournées pour faire pièce à Gambetta, furent tout à coup brusquées et fixées au 21 août.

La législature finit le 1er juillet et, avec elle, la présidence de Gambetta. Le grand orateur avait été un président remarquable, dirigeant les débats avec une attention soutenue, sachant faire preuve de la plus énergique fermeté contre les fauteurs de désordre dans l'Assemblée et les insulteurs de la République (incidents Godelle, Baudry-d'Asson, Lenglé); très impartial, très courtois, s'appliquant surtout à favoriser les débuts des jeunes orateurs de talent et leur assurant ainsi par une bienveillance charmante une voie large et sûre vers le succès.

IX

LES ÉLECTIONS DE 1881.

La période électorale fut signalée par deux discours-programmes de Gambetta, le premier à Tours, le second à Ménilmontant, XX⁰ arrondissement de Paris, où il était candidat, ayant décliné toute autre candidature. A Tours, Gambetta se déclara pour une révision limitée de la Constitution, révision que le vote du 9 juin avait rendue inévitable. En effet, dès le lendemain du rejet du scrutin de liste et de la loi sur l'instruction laïque, il s'était produit dans toute la démocratie un irrésistible mouvement pour renouveler et rajeunir la haute Assemblée. Élargir les bases du Sénat, en donnant aux communes une représentation proportionnelle dans les colléges sénatoriaux,

telle était la réforme le plus généralement réclamée. Gambetta accepta cette révision,
comme MM. Jules Ferry, Brisson, Léon Say et
Freycinet l'acceptèrent alors ou bientôt. Il pensait encore qu'on pouvait profiter de l'occasion pour assurer d'une manière définitive
l'avenir du scrutin de liste, pour en ins-
crire le principe, avec celui de l'élection
sénatoriale, dans l'arche de la Constitution.
Ainsi la révision était la conséquence logique
du rejet de la réforme électorale. « Comme un
député qui aspire à influer sur la direction de
la chose publique ne peut apparemment rester
en l'air, comme c'est une nécessité qu'il s'ap-
puie sur quelqu'un et quelque chose, que
pouvait faire Gambetta repoussé gratuitement
d'un côté, si ce n'est se rejeter de l'autre ? »
Il se rejeta donc de cet autre côté, mais avec
une modération extrême, et il y trouva une
force beaucoup plus entraînante, un mouvement beaucoup plus large et profond qu'il
n'avait supposé.

La question de la révision ainsi traitée à
Tours, Gambetta, dans le discours du 12 août,

aborda successivement les autres points de
son programme politique. C'était, dans ce
magistral programme : la réforme judiciaire
par la réorganisation des cours et des tribunaux, par la suppression progressive des tribunaux d'arrondissement et l'extension de la
compétence des juges' de paix ; la décentrali-
sation administrative, mais sans détriment de
la centralité politique et de l'unité nationale ;
la suppression du volontariat d'un an ; la ré-
duction du service militaire, mais seulement
lorsque la composition des cadres de sous-
officiers aurait permis de l'effectuer sans porter atteinte à la sécurité nationale ; l'établissement d'un impôt sur le revenu ; le maintien
du concordat, mais en respectant strictement
ses clauses, en supprimant notamment le traitement alloué aux desservants, pour le remplacer par une simple indemnité ; la suppression des biens de main-morte, — et, à
l'extérieur, la politique « des mains libres et
des mains nettes » :

Chers concitoyens, il me semble, quant à moi, que
lorsque je vois la société française progresser dans

le calme, dans la liberté, dans le travail, il viendra bien un jour où les problèmes posés se résoudront peut-être par le progrès du droit des gens et par le triomphe de l'esprit pacifique. Il n'y a pas que l'épée pour délier les nœuds gordiens ; il n'y a pas que la force pour résoudre les problèmes extérieurs : l'esprit de droit et de justice est bien aussi quelque chose. Et qui donc oserait dire qu'il ne viendra pas un jour de consentement mutuel pour la justice dans cette vieille Europe dont nous sommes les aînés ? Qui donc oserait dire que c'est là un espoir chimérique ? Je ne crois pas dépasser la mesure de la sagesse et de la prudence politiques en désirant que mon gouvernement, que ma République, la République démocratique que vous savez, soit attentive, vigilante, prudente, toujours mêlée avec courtoisie aux affaires qui la touchent dans le monde, mais toujours éloignée de l'esprit de conflagration, de conspiration et d'agression. Et alors je pense, j'espère que je verrai ce jour où, par la majesté du droit, de la vérité et de la justice, nous retrouverons, nous rassemblerons les frères séparés.

La réunion de Ménilmontant (première circonscription du XXe arrondissement) avait été absolument calme et digne. La réunion de Charonne (deuxième circonscription), qui eut lieu quelques jours plus tard et où Gambetta comptait traiter des questions sociales, fut tout le contraire (17 août). Gambetta y fut accueilli par les clameurs furibondes d'un clan d'intransigeants et de réactionnaires. Il ne put parler. Après avoir protesté contre la « servitude par le silence » qu'inauguraient « ces esclaves ivres », il se retira. Il y eut en France, sauf dans les partis extrêmes, un immense cri d'indignation contre ces honteuses scènes de violence et contre cette basse ingratitude.

Le 21 août, Gambetta fut élu dans la première circonscription de Belleville par 4,510 voix contre 3,536 données au candidat intransigeant. En ballotage dans la seconde où il avait réuni cependant une forte majorité relative, il se désista.

L'ensemble des élections donnait 457 députés républicains et 90 réactionnaires, dont 45 bonapartistes.

Les électipns furent aussi bonnes qu'elles pouvaient l'être avec le petit scrutin. Si le parti révolutionnaire gagna quelques siéges dans les grandes villes, la réaction perdit environ le tiers des siens dans les campagnes. Comme composition, c'était en somme la

Chambre de 1876 et de 1877 qui était réélue pour la troisième fois. Mais comme esprit, elle avait beaucoup changé. L'Assemblée républicaine du 14 octobre n'avait pas en effet été ramenée par le scrutin d'arrondissement : elle l'avait été « par le scrutin de liste élevé à sa plus haute pression, l'unité de liste, » et c'était précisément cette impersonnalité du scrutin originel qui lui avait permis de mener à bonne fin une part si importante de son mandat. Elle n'hésita, ne marcha d'un pas incertain, que le jour où les liens de l'arrondissement commencèrent à s'appesantir sur elle, et sa majorité l'avait si bien senti que c'était surtout pour en éviter l'aggravation dans l'avenir qu'elle avait voté le projet de M. Bardoux. Au contraire la Chambre du 21 août était, dans toute la force du terme, une Chambre d'arrondissement. Cela fut visible dès les premiers jours. Cette Chambre n'était évidemment pas l'image franche et nette de la France républicaine. Le même homme, député du scrutin d'arrondissement ou député du scrutin de liste, n'est pas du tout le même député. C'était le moins bon député qu'on avait.

. Cependant la manifestation électorale du 21 août disait d'une voix que le petit scrutin n'avait que légèrement affaiblie: « Ce que veut la France républicaine, c'est un gouvernement fort et stable, un gouvernement qui ait une volonté. Et le suffrage universel ajoutait, en dépit de la campagne personnelle qui avait été si violemment menée contre Gambetta, en dépit du détachement injuste, mais fatal, qu'elle avait produit dans un grand nombre d'esprits: « Au début de la nouvelle législature, c'est Gambetta qui doit prendre les affaires. » D'aucuns, hommes d'expérience et de froid bon sens, eurent beau dire : « Mais on a rejeté le scrutin de liste, Gambetta ne peut pas gouverner sans lui ; c'est à ceux qui se flattent de pouvoir gouverner avec le scrutin d'arrondissement qu'il faut s'adresser. » On fit semblant de ne pas comprendre. On trouvait tout naturel que M. Jules Ferry renonçât au pouvoir dans un état de choses qui n'était compromis, à l'intérieur comme à l'extérieur, que par son erreur ou par la faute de ses amis. On eût trouvé tout simple que M. Say, M. Henri Brisson, M. de Freycinet ou M. Clémenceau eussent refusé une situation si obérée, en alléguant que la situation était incompatible avec leur manière d'entendre le gouvernement. Mais si Gambetta eût répondu à ceux qui lui offraient la direction des affaires dans des conditions aussi défavorables, alors qu'au beau temps on s'était bien gardé de lui faire appel : « Je ne me charge pas de gouverner quand on m'en a préalablement refusé les moyens. Le pouvoir m'est offert comme un piége. Je refuse le piége et le pouvoir », on aurait déclaré, d'une voix presque unanime, que ce refus si justifié était chose monstrueuse.

Donc tous disaient, les uns parce qu'ils étaient animés de généreuses espérances, les autres parce qu'ils cachaient des desseins un peu moins élevés : il faut que Gambetta soit premier ministre. Plus la situation empirait par l'exploitation des fautes commises en Tunisie, par l'odieuse campagne des meetings

« d'indignation », par le retard capricieux apporté à la convocation des Chambres, — plus on proclamait de toutes parts la nécessité d'appeler Gambetta. L'opération savamment menée réussissait à souhait : le « dictateur était bien acculé à la porte du conseil ».

Gambetta vit parfaitement quel était le jeu de ses adversaires coalisés. Mais, s'il ne se fit aucune illusion sur les suites de ces manœuvres, il vit surtout que l'immense majorité du pays comptait sincèrement sur lui, qu'elle attendait de lui seul les garanties de gouvernement qui faisaient défaut. Qu'il y eût quelque naïveté dans cette attente et surtout une complète ignorance de la coalition souterraine, cela était certain. Mais Gambetta pensa qu'il est des appels auxquels un patriote ne saurait se dérober, et il prit gaîment son parti. Il fit entendre dans son discours du Neubourg, dès le 4 septembre, et plus tard, vers la fin d'octobre, au Havre, que si la chambre le désignait au choix du président de la République, il ne déclinerait pas le pouvoir. Il se produisit aussitôt dans le pays un immense mouvement de confiance.

Les discours de Honfleur et de Pont-l'Évêque (6 et 7 septembre), du Havre et de Quillebœuf (25 et 26 octobre), furent consacrés à l'étude des questions ouvrières, industrielles et commerciales.

Enfin la chambre se réunit le 28 octobre et, le même jour, une majorité aussi imposante qu'hétérogène nomma Gambetta président provisoire. Gambetta déclara le lendemain, dans une courte allocution, « qu'il s'efforcerait de se rendre digne de la manifestation politique que la Chambre avait voulu faire, qu'il n'en méconnaissait ni le caractère ni la portée ».

Il ne méconnaissait pas non plus les vraies dispositions de la Chambre, et les séances du 6 au 9 novembre où furent discutées les interpellations sur les affaires tunisiennes ne furent pas pour lui prouver qu'il s'était trompé. Appelée à ratifier la rapide campagne qui nous valait une admirable annexe de l'Algérie et rétablissait, devant le monde, notre prestige affaibli, la Chambre ne sut prendre aucun parti. Dans cette grande affaire française, elle n'avait qu'à parler français. Et deux heures durant elle se montra incapable de le faire, cherchant à concilier dans une même formule ce qui était inconciliable : l'honneur du pays et les lâches prétentions de quelques comités. Après le rejet fiévreux de vingt propositions diverses, il fallut, pour que la lumière se fît, que Gambetta, paraissant à la tribune, rappelât vigoureusement l'Assemblée au sentiment de la patrie ; il proposa l'ordre du jour suivant :

La Chambre résolue à l'exécution intégrale du traité souscrit par la nation française le 12 mai 1881, passe à l'ordre du jour.

Gambetta descendit de la tribune au milieu des acclamations et, aussitôt, heureuse, délivrée du cauchemar, sauvée d'elle-même, la majorité adopta par 355 voix l'ordre du jour français. Le lendemain, M. Jules Ferry remit entre les mains du président de la République la démission du cabinet, et Gambetta, appelé sur l'heure à l'Élysée, accepta la mission de former une nouvelle administration. M. Grévy donna carte blanche à Gambetta. Gambetta prévint le Président que, s'il y avait révision constitutionnelle, il demanderait l'autorisation de défendre le scrutin de liste devant le congrès.

LE MINISTÈRE DU 14 NOVEMBRE.

Le cabinet du 14 novembre fut un cabinet d'Union républicaine : MM. Cazot, Paul Bert, Allain-Targé, Waldeck-Rousseau, Devès, Rouvier, Raynal, Cochery, Proust, Spuller, Blandin, Martin-Feuillée, Félix Faure, Chalamel et Lelièvre, en furent les principaux membres. Le général Campenon fut nommé à la guerre et M. Gougeard à la marine. Ce ministère était jeune, actif, homogène. Il fut médiocrement accueilli par l'opinion, malgré l'éclat du nom de Gambetta et la valeur de ses auxiliaires. Depuis quatre mois, le public avait été séduit par l'annonce d'un soi-disant « grand ministère », qui devait comprendre, sous Gambetta,

tous les présidents et anciens présidents,
M. Ferry, M. Léon Say, M. Brisson, M. de Freycinet, et la réclame de cette combinaison arti-
ficielle avait été telle qu'elle s'était même
imposée à Gambetta. Il dut commencer par
essayer de former « le grand ministère », et il
y consacra en effet tous ses efforts pendant
trois jours. Mais M. Say ne put se mettre d'accord avec lui sur les questions économiques,
et M. de Freycinet, après une première accepta-
tion, se déroba. Gambetta eût pu alors se récu-
ser, dénoncer au pays la coalition qui était déjà
toute formée contre lui. Il aima mieux lutter.

Le ministère Gambetta ne dura pas trois
mois. Entré en fonctions le 14 novembre avec
une déclaration qui disait fièrement : « Notre
politique sera celle de la France », il tomba
le 26 janvier parce qu'il avait été fidèle à cette
déclaration.

Gambetta pensait que la République une
fois fondée devait cesser d'être une petite cha-
pelle ouverte seulement à ceux de la veille,
qu'elle devait devenir un vaste édifice ouvert
à tous les Français qui se rallieraient à ses ins-

titutions et où seraient admis tous ceux, militaires ou civils, qui pourraient servir utilement sous des ministres républicains. Le général de Miribel fut nommé chef de l'état-major général, le maréchal Canrobert fut appelé avec le général de Galiffet au conseil supérieur de la guerre, M. J.-J. Weiss fut nommé directeur politique aux affaires étrangères, M. de Chaudordy et M. de Courcel furent envoyés comme ambassadeurs à Saint-Pétersbourg et à Berlin. — Les journaux intransigeants crièrent à la dictature et annoncèrent que Gambetta préparait un coup d'État.

Gambetta pensait que la République devait tenir haut et ferme devant l'étranger le drapeau national et pratiquer une politique digne et forte, tout en restant pacifique. L'organisation de la Tunisie fut préparée sur un plan nouveau (discours prononcés à la Chambre et au Sénat le 1er et le 10 décembre) ; M. Roustan fut renvoyé à son poste malgré le triste verdict de quelques bourgeois effrayés ; l'intervention collective de la France et de l'Angleterre en Egypte pour y rétablir l'ordre et la paix contre

les insurrections de la soldatesque, fut solide-
ment nouée par la note du 7 janvier. — Les
chefs de la « campagne de la peur » procla-
mèrent que Gambetta voulait la guerre.

Gambetta pensait que le pouvoir n'est pas
un vain titre et qu'il n'est qu'une manière
digne de l'exercer, c'est de gouverner, d'ap-
pliquer un programme, de ne pas fuir les
responsabilités. L'énergique circulaire du ministre de l'intérieur mit un frein aux empiètements scandaleux des députés d'arrondissement sur l'administration. La création des
deux ministères nouveaux de l'agriculture
et des arts fut défendue à la tribune des deux
Chambres comme étant l'exercice d'une préro-
gative essentielle du pouvoir exécutif. Le président du conseil fut un vrai chef de gouvernement. Les droits de l'Etat cessèrent d'être
méconnus. — La même coalition des révolutionnaires et des réactionnaires cria que la
liberté était confisquée, que les « autori-
taires » projetaient de ramener le pays aux
plus mauvais jours de l'Empire.

Gambetta avait pensé qu'il ne devait obéissance qu'à la volonté de la nation, telle qu'elle résultait des votes du 21 août (élections législatives) et du 8 janvier (élections pour le renouvellement du tiers du Sénat). Les électeurs du suffrage restreint comme ceux du suffrage universel n'avaient pas réclamé d'autre révision qu'une rénovation sagement limitée à l'élargissement de la base électorale du Sénat, au changement du mode d'élection des inamovibles et à la suppression des prérogatives financières de la haute assemblée. Un projet fut préparé à cet effet. Mais aussitôt, la coalition nomma une commission de 33 membres, qui réclama pour le Congrès le droit de réviser toute la Constitution. C'était une réclamation contraire à l'esprit même de la Constitution. C'était le retour à la politique néfaste du « tout ou rien ». Et la révision fut effectivement enterrée.

Gambetta pensait enfin que la France républicaine ne pouvait être dignement représentée que par des hommes indépendants, capables de voir haut et loin, et, pour que la France eût cette assemblée qui la sauverait de toute anarchie comme de tout despotisme, pour affranchir la Chambre du 21 août du joug des comités de clocher, il proposait l'inscription du scrutin de liste dans la charte constitutionnelle. C'était la sagesse et la prévoyance mêmes. Mais la Chambre avait perdu tout sang-froid ; une tempête éclata, les accusations les plus folles furent lancées dans le public, et la chute du ministère fut décidée.

Gambetta fut en effet renversé le 26 janvier par un vote où toute la droite sans exception était unie à l'extrême gauche et à la gauche radicale. Le président du conseil avait exposé dans son discours le mécanisme réel de la Constitution, la raison politique de son projet de révision et l'impérieuse nécessité du scrutin de liste. Il avait annoncé le dépôt immédiat des nombreux projets de lois préparés par ses collègues et par lui, et qui donnaient aux aspirations de la démocratie le contentement le plus large. Il finissait par une superbe protestation contre les accusations de dictature mises en circulation contre lui :

Eh bien, Messieurs, aujourd'hui, avec ce sentiment

profond de responsabilités que vous m'avez imposées, je vous dis à vous-mêmes : Je crois, j'estime que si vous êtes assurés de sortir dans quatre ans d'ici par la porte du scrutin de liste, de ne relever, à ce moment, que du département tout entier, je dis que votre politique changera, et je dis que c'est là la consécration essentielle de notre projet.

J'entends bien qu'on me dit : Non ! Eh bien, vous verrez, Messieurs, qu'un avenir prochain démontrera la justesse de mes paroles, et cela parce que j'ai la conviction intime et profonde, quand je vous résiste, quand je lutte contre vous, d'avoir le douloureux et impérieux devoir de vous déclarer que c'est une nécessité de gouvernement.

Si, quand je vous dis ces choses, si, quand j'invoque le vote que vous avez rendu il y a six mois à peine, quand je vous fais voir la nécessité de l'exécution de ces engagements, quand je vous démontre l'utilité de réviser l'article 1er, paragraphe 2, afin d'arriver, avec le concours du Sénat, à une révision partielle, quand je dis cela, si vous ne m'écoutez pas, si vous croyez que je rêve l'amoindrissement et la dissolution prématurée de la Chambre, je ne puis vous convaincre.

Je ne puis mettre en face de vos appréhensions que ma loyauté, que la sincérité de mes paroles, que les projets que nous avons préparés, enfin que mon passé... et je fais appel à vos consciences.

Oui, je pense que cette légion républicaine avec

laquelle j'ai débuté, avec laquelle j'ai passé à travers les luttes et les épreuves, ne nous fera pas plus défaut au jour du succès qu'elle ne nous a fait défaut au jour de la bataille. Dans tous les cas, ce sera sans amertume, surtout sans l'ombre d'un sentiment personnel blessé, que je m'inclinerai sous votre verdict. Car, quoi qu'on en ait dit, il y a quelque chose que je place au-dessus de toutes les ambitions, fussent-elles légitimes, c'est la confiance des républicains, sans laquelle je ne pourrais accomplir ce qui est, — j'ai bien quelque droit de le dire, — ma tâche dans ce pays : le relèvement de la patrie.

Une heure après le vote de la chambre, Gambetta remettait sa démission au président de la République. Le 30 janvier, M. de Freycinet forma une nouvelle administration.

XI

LA DERNIÈRE ANNÉE DE GAMBETTA.

M. Jules Simon a sévèrement, mais justement résumé l'histoire du cabinet du 30 janvier : « A l'intérieur, pas de gouvernement : à l'extérieur, pas de France. » En effet, à l'intérieur une seule politique : la politique de *déférence* ; à l'extérieur, la politique d'abdication. M. de Freycinet abandonna gratuitement la note collective du 7 janvier ; l'entente franco-anglaise en Egypte fut dissoute par une série lamentable de fautes et le drapeau français fut impunément insulté à Alexandrie.

Cependant Gambetta était l'objet de la plus odieuse campagne de calomnies et d'outrages. Intransigeants et réactionnaires, toujours unis, le poursuivaient des plus basses injures et le débordement d'ingratitude fut effrayant. Gambetta resta dédaigneux, impassible, confiant dans la justice de l'histoire. Il avait repris la direction de la *République française*. Il acheva et fit achever la rédaction des divers projets préparés pendant son ministère et il les déposa sur le bureau de la Chambre. C'é-taient les propositions sur le recrutement de l'armée, la réforme de l'organisation judi-ciaire, la relégation des récidivistes, la liberté d'association, les rapports des Compagnies de chemin de fer avec leurs agents commis-sionnés, l'organisation administrative de l'en-seignement primaire, la retraite assurée aux instituteurs et institutrices, la suppression des facultés de théologie catholique, l'exercice public du culte catholique en France, les caisses de retraite pour les vieillards, les caisses d'assurances en cas de décès et d'inca-pacité de travail et les associations de secours mutuel.

Gambetta, nommé président de la commis-sion chargée de réviser la loi sur le recrute-ment de l'armée, consacra à cette tâche tous ses efforts et tout son labeur. Ce fut la der-nière qui l'occupa passionnément jusqu'à l'accident fatal du mois de novembre.

Mais bientôt la politique étrangère de M. de Freycinet le ramena au fort de la mêlée. La *République française* dénonça le ministre « imprévoyant, irrésolu et incapable » qui perdait la Méditerranée, et Gambetta reparut à la tribune pour crier à M. de Freycinet la terrible apostrophe de Berryer : « On ne parle pas ainsi de la France ! »

M. de Freycinet, vivement troublé par cette redoutable intervention, essaya de se disculper, puis retomba dans la série de ses hésitations et faiblesses habituelles. Il demanda cependant le 15 juillet des crédits pour l'armement de la flotte. Gambetta, alors reprit la parole pour appuyer la demande de crédits, mais aussi pour expliquer au service de quelle politique il fallait employer cet argent, la politique de l'alliance anglaise et non la politique du soi-disant concert européen qui n'était que le plus misérable des leurres :

Ah ! je sais bien qu'on dit : M. de Bismarck, il a à la fois toutes les habiletés et toutes les suggestions ; toutes les fois que la France a un intérêt, ou un dessein, ou un désir, s'il se trouve, par hasard, que la politique allemande n'y est pas directement con-

traire, il faut se méfier. Le piége consiste à présenter
à la France comme le résultat d'un encouragement
et comme une exhortation de la politique allemande
ce qui est la défense traditionnelle, antique, de ses
plus grands intérêts.

Messieurs, il y a eu un temps où cette politique
existait, et cependant alors il n'y avait pas de Prusse.
L'histoire est là pour en déposer: toutes les fois
qu'une nation militaire a conquis une certaine hé-
gémonie dans le monde, elle se mêle volontiers de
beaucoup de choses ; mais c'est justement un hommage à rendre à ce politique aussi ferme et aussi
maître de lui-même qu'audacieux à certaines heures,
qu'il ne s'occupe que des choses qui se rapportent
directement à l'intérêt allemand.

Or, il a dit et répété bien souvent que toutes ces
querelles « ne valaient pas les os de la carcasse d'un
Poméranien ». On l'oublie trop. Il ne faut pas mettre
M. de Bismarck dans toutes les combinaisons et dans
toutes les affaires. N'agissez que d'après votre intérêt
mûrement étudié, mûrement délibéré : quant à l'é-
tranger, on en parle beaucoup trop et dans des sens
trop divers pour la détermination des calculs de la
politique qui doit le mieux servir les intérêts de la
France.

Eh bien, quand vous serez allés là-bas comme les
mandataires de la conférence, qu'est ce que vous y
ferez? Vous me dites: Oh! nous n'irons pas sans
précautions ni sûreté, comme vous le croyez: nous
avons pris nos garanties, nous en prendrons encore:

nous dirons au concert européen ; Vous nous désirez pour exécuteurs de vos hautes-œuvres, mais vous ignorez peut-être qu'il y a en Égypte un parti national.

Oui, on a découvert que ce peuple qui, comme le disait Bonaparte , depuis quarante siècles est esclave, est à la veille de créer ou de retrouver les principes de 1789 dans les hypogées des Pyramides.

Et précisément, — je livre toute ma pensée, car je n'ai rien à cacher, — précisément ce qui me sollicite à l'alliance anglaise, à la coopération anglaise dans la Méditerranée et en Egypte, c'est que ce que je redoute le pius, entendez-le bien ! — outre cette rupture néfaste, — c'est que vous ne livriez à l'Angleterre, et pour toujours, des territoires, des fleuves et des passages où notre droit de vivre et de trafiquer est égal au sien.

Ce n'est donc pas pour humilier, pour abaisser, pour atténuer les intérêts français, que je suis partisan, de l'alliance anglaise ; c'est parce que je crois Messieurs, qu'on ne peut efficacemeet les défendre que par cette union, par cette coopération. S'il y a rupture, tout sera perdu.

Voilà, Messieurs, dans quel esprit je voterai les crédits : c'est parce que vous avez dit que vous reveniez à l'alliance et à la coopération anglaise, et que vous avez mis hier la signature de la France au bas d'une convention nouvelle avec l'Angleterre.

Je vous donne cet argent ; — je crois qu'il sera

insuffisant, mais je vous le donne avec cette conviction que la Chambre ratifie aujourd'hui, non pas
un vote de crédit, mais un vote de politique et d'a-
venir, la Méditerranée restant le théâtre de l'action
française, et l'Égypte étant arrachée au fanatisme
musulman, à ces chimères de révolutions, à ces entreprises d'une soldatesque de caserne, pour rentrer
dans l'orbite de la politique européenne. Voilà pourquoi je donne l'argent, et voilà pourquoi mes amis
peuvent voter avec moi.

Les crédits furent votés. Mais si la première
demande de crédits semblait tendre à une
reprise de l'entente anglaise, la seconde demande, déposée quelques jours plus tard,
sous-entendait tout le contraire. M. de Freycinet réclamait l'autorisation de n'aller qu'au
canal de Suez, mais pourquoi? Pour garder les derrières des Anglais opérant hardiment contre Arabi, à l'intérieur de l'Égypte?
Pour surveiller et entraver les Anglais? L'union
républicaine refusa d'engager sa responsabilité
à la suite d'une pareille politique ; la majorité
effrayée proclama l'abstention générale, et le
cabinet du 30 janvier fut renversé. La prédiction de Gambetta se réalisait : M. de Freycinet

venait de livrer à l'Angleterre « des territoires, des fleuves et des passages où notre droit de vivre et de trafiquer était égal au sien. »

Le discours du 18 juillet 1882 fut le dernier que prononça Gambetta. Le ministère Freycinet ayant été remplacé par le ministère du 7 août, gouvernement de dignité à l'extérieur et de réconciliation politique à l'intérieur, Gambetta soutint énergiquement M. Duclerc et ses collaborateurs. Il passa la plus grande partie des vacances parlementaires à Paris, travaillant sans relâche avec ses amis ; puis, à la rentrée des Chambres, il reprit avec ardeur ses fonctions de président de la commission de l'armée. L'opinion, si injustement égarée sur son compte pendant quelques mois, lui revenait alors de toutes parts. Les incidents révolutionnaires de Montceau et de Lyon démontrèrent la nécessité, tant réclamée par lui, d'un gouvernement fort. La facile victoire des Anglais en Egypte prouva combien il avait vu clair, dès la première heure, dans cette malheureuse affaire. On comprit que la défaite de Gambetta au 26 janvier avait été le recul de la République, de la patrie. On comprit que sa politique était seule vraiment nationale. On se prit à espérer que, sous peu, il pourrait reprendre directement en main les affaires du pays. Et ce fut à ce moment même, à l'heure où il retrouvait ainsi toute sa popularité d'autrefois, que survint l'accident de Ville-d'Avray (27 novembre). Gambetta se blessa à la main droite en maniant un révolver et l'accident, sérieux en lui-même, fut encore aggravé par l'état général de sa santé. Le 17 décembre, une inflammation de l'intestin se déclara, et le progrès du mal fut effrayant. Gambetta allait mourir de sa vie dépensée sans compter depuis quinze années au service de la nation ; il succombait pour avoir trop présumé des forces qu'il avait consacrées tout entières au relèvement de la patrie. Les journaux intransigeants et réactionnaires continuèrent cependant à l'injurier jusque sur son lit d'agonie, et il fallut que la presse prussienne rappelât ces « cannibales de Paris » à la pudeur.

Gambetta ne se vit pas mourir. Il avait un

sentiment trop profond de la mission qu'il lui restait à accomplir, pour soupçonner que la mort brutale pût l'arrêter à mi-route. Il continua presque jusqu'au dernier jour à s'informer de tous les grands intérêt qui lui étaient confiés, à donner des conseils, à s'inquiéter des moindres circonstances de la politique. Les forces pourtant s'en allaient graduellement. Le 3 décembre, à minuit moins cinq, il s'éteignit sans souffrance. Il n'avait pas survécu à cette année 1882, si cruelle pour lui et pour la France.

Aussitôt une immense douleur s'empara de la patrie et devant cette mort tragique dans la pauvre bicoque de Ville-d'Avray, transformée en lieu de pélerinage, les dernières calomnies s'évanouirent. Beaucoup qui l'avaient méconnu s'inclinèrent tristement devant son cercueil. Il entra de ptein pied dans la sereine immortalité de l'histoire.

Le gouvernement de la République décréta des obsèques nationales à l'organisateur de la défense, et le peuple entier prit le deuil. Le jour de ses funérailles, ce fut derrière son cercueil, une fédération de toute la France, de la France civile et de la France militaire. Il n'y eut pas une ville française qui ne fût représentée : Strasbourg, Metz et Colmar marchaient en tête du cortège.

XII

CONCLUSION.

Et maintenant, après cette rapide esquisse
d'une vie si courte et si glorieuse qu'elle semble comme un météore au ciel sombre de
notre histoire contemporaine, puis-je essayer
de résumer le merveilleux ensemble de vertus
et de talents qui font de Léon Gambetta le plus
fier patriote, le plus profond politique et le plus
magnifique orateur de ce siècle ? Le régime de
décembre traîné à la barre de la police correctionnelle ; l'espoir dans un avenir de justice
rendu à tous ses contemporains ; l'honneur de
la France sauvé après la honte abominable de
Sedan ; la République fondée grâce à des pro-
diges d'adresse, de sagesse et d'éloquence ;
l'avénement régulier et définitif de la démo-

cratie ; la démocratie républicaine, qui n'avait été jusqu'alors qu'un parti révolutionnaire, transformée au bout de quelques années en un grand parti de gouvernement ; la victoire des libertés nécessaires en même temps que la démonstration invincible de la nécessité d'une forte autorité ; la création d'une armée nationale, pour la défense du territoire et la délivrance des provinces perdues ; la conception et la prédication de la politique étrangère la plus belle qui ait été recommandée ou pratiquée depuis Richelieu ; la République large ouverte à la France ; la France régénérée par la République pour reprendre sa place dans le monde ; voilà l'œuvre de Gambetta, œuvre qui, dans quelques-unes de ses parties, a été brutalement interrompue par la mort, mais si grande et si noble, mais si superbement commencée, que les survivants ne sauraient se proposer de tâche plus glorieuse que de la poursuivre et d'essayer de l'achever. Jamais ensemble de qualités plus diverses et plus riches n'a été réuni dans une seule nature. Patriote, qui ne passa jamais un jour sans songer à l'Alsace et à la Lorraine, il rêvait toutes les gloires pour le pays dont il ne prononçait le nom qu'avec un tressaillement religieux, — la grandeur extérieure et la grandeur intérieure, le resplendissement artistique et littéraire comme la force scientifique et commerciale. Politique, il avait toutes les clairvoyances, toutes les prudences, toutes les audaces, toutes les habiletés. Orateur, il possédait toutes les puissances, habile à s'adresser tour à tour à la raison et à la passion, tour à tour familier et véhément, emporté et railleur, plein d'arguments saisissants et de traits superbes, pressant et dominateur, le plus ardent et le plus logique, toujours éclatant de verve et d'enthousiasme; aucun genre d'éloquence ne lui était étranger, et il était égal, dans chacun, aux plus illustres. Et l'homme privé, chez lui, n'excitait pas moins de dévouement et d'amour que l'homme public n'excitait d'admiration. Ce tribun redoutable était bon de cette bonté exquise et simple que Michelet a tant célébrée; il était courageux, juste, dédaigneux des outrages et des vilenies plus que nul ne l'a jamais été, sans rancunes, sans haine, sans jalousie ; il était généreux et indulgent jusqu'à l'exagération ; il donnait sans compter, secrètement, dès qu'il avait connaissance d'une misère, souvent à d'anciens adversaires ; il était affectueux, dévoué, soucieux des moindres intérêts de ses amis ; il avait le culte et la plus délicate intelligence des œuvres de l'esprit ; il était respectueux des vieillards qui sont le patrimoine de la France et il s'intéressait passionnément aux jeunes gens qui en sont l'avenir ; découvrir à la France un français de plus était l'une de ses plus grandes oies ; — il était gai, aimable, d'une constante belle humeur, surabondant de foi dans le pays, dans la démocratie, dans l'avenir qu'il s'obstina jusqu'à la dernière heure à prévoir juste et réparateur pour la patrie... Comment dire ces choses ? comment les peindre ?

Ce n'est pas seulement l'âme de la Révolution qui a palpité en Gambetta. C'est l'âme même de la France.

TABLE DES MATIÈRES

3036. — ABBEVILLE. — TYP. ET STÉR. A. RETAUX.

42. **Blerzy**. Torrents, fleuves et canaux de la France.
43. **Secchi, Wolf et Briot**. Le soleil et les étoiles.
44. **Stanley Jevons**. L'économie politique.
45. **Em. Ferrière**. Le darwinisme.
46. **Leneveux**. Paris municipal.
47. **Boillot**. Les Entretiens de Fontenelle sur la pluralité des mondes.
48. **Zevort (Edg.)**. Histoire de Louis-Philippe.
49. **Geikie**. Géographie physique (avec fig.).
50. **Zaborowski**. L'origine du langage.
51. **H. Blerzy**. Les colonies anglaises.
52. **Albert Lévy**. Histoire de l'air (avec fig.).
53. **Geikie**. La géologie (avec fig.).
54. **Zaborowski**. Les migrations des animaux.
55. **F. Paulhan**. La physiologie de l'esprit.
56. **Zurcher et Margollé**. Les phénomènes célestes.
57. **Girard de Rialle**. Les peuples de l'Afrique et de l'Amérique.
58. **Jacques Bertillon**. La statistique humaine de la [France (naissance, mariage, mort).
59. **Paul Gaffarel**. La défense nationale en 1792.
60. **Herbert Spencer**. De l'éducation.
61. **Jules Barni**. Napoléon 1er.
62. **Huxley**. Premières notions sur les sciences.
63. **P. Bondois**. L'Europe contemporaine (1789-1879).
64. **Grove**. Continents et océans.
65. **Jouan**. Les îles du Pacifique.
66. **Robinet**. La philosophie positive.
67. **Renard**. L'homme est-il libre?
68. **Zaborowski**. Les grands singes.
69. **Hatin**. Le journal.
70. **Girard de Rialle**. Les peuples de l'Asie et de l'Europe.
71. **Doneaud**. Histoire contemporaine de la Prusse.
72. **Dufour**. Petit dictionnaire des falsifications.
73. **Henneguy**. Histoire de l'Italie, depuis 1815.
74. **Leneveux**. Le travail manuel en France.
75. **Jouan**. La chasse et la pêche des animaux marins.
76. **Regnard**. Histoire contemporaine de l'Angleterre.
77. **Bouant**. Histoire de l'eau (avec fig.).
78. **Jourdy**. Le patriotisme à l'école.
79. **Mongredien**. Le libre échange en Angleterre.
80. **Creighton**. Histoire romaine.
81. **P. Bondois**. Histoire des mœurs et institutions de la France (depuis les origines jusqu'au xviie siècle).
82. **P. Bondois**. Histoire des mœurs et institutions de la France (depuis le xviie siècle jusqu'à la Révolution).
83. **Zaborowski**. Tableau des mondes disparus (avec figures).
84. **J. Reinach**. Léon Gambetta (avec figures).

BIBLIOTHÈQUE D'HISTOIRE CONTEMPORAINE

Vol in-18 à 3 fr. 50.

Vol. in-8 à 5 et 7 fr. Cart. 1 fr. en plus par vol. ; reliure   2 fr.

EUROPE

HISTOIRE DE L'EUROPE PENDANT LA RÉVOLUTION FRANÇAISE, par *H. de Sybel*. Traduit de l'allemand par Mlle Dosquet. 3 vol. in-8 .... 21 »

    Chaque volume séparément.   7 »

FRANCE

HISTOIRE DE LA RÉVOLUTION FRANÇAISE, par *Carlyle*, traduite de l'anglais. 3 vol. in-18 ; chaque volume 3 50

LA RÉVOLUTION FRANÇAISE, résumé historique, par *H. Carnot*, nouvelle édition. 1 vol. in-12 .... 3 50

HISTOIRE DE LA RESTAURATION, par *de Rochau*. 1 vol. in-18, traduit de l'allemand 3 50

HISTOIRE DE DIX ANS, par *Louis Blanc*. 5 vol. in-8 ...... 25 »

    Chaque volume séparément.   5 »

HISTOIRE DE DIX ANS, 25 planches en taille douce .... 6 »

HISTOIRE DE HUIT ANS (1840-1848), par *Elias Regnault*. 3 vol. in-8 .... 15 »

    Chaque volume séparément.   5 »

HISTOIRE DE HUIT ANS, 14 planches en taille douce .... 4 »

HISTOIRE DU SECOND EMPIRE (1848-1870), par *Taxile Delord*. 6 volumes in-8 .... 42 »

    Chaque volume séparément.   7 »

LA GUERRE DE 1870-1871, par *Boert*, d'après le colonel fédéral suisse Rustow. 1 vol. in-18 .... 3 50

LA FRANCE POLITIQUE ET SOCIALE, par *Aug. Laugel*. 1 volume in-8 .... 5 »

L'ALGÉRIE, par *Maurice Wahl*. 1 vol. in-8 .... 5 »

LES COLONIES FRANÇAISES, par *P. Gaffarel*. 1 vol. in-8 ... 5 »

L'ALGÉRIE, par *Wahl*. 1 vol. in-8 .... 5 »

HISTOIRE DES IDÉES MORALES ET POLITIQUES EN FRANCE AU XVIIIe SIÈCLE, par *Jules Barni*. 2 vol. in-18. Chaque volume... 3 50

LES MORALISTES FRANÇAIS AU XVIIIe SIÈCLE, par *Jules Barni*. 1 vol. in-18, faisant suite aux deux précédents 3 50

LA GUERRE ÉTRANGÈRE ET LA GUERRE CIVILE, par *Emile Beaussire*. 1 vol. in-18 .... 3 50

LA FRANCE RÉPUBLICAINE, par *J. Clamageran*. 1 vol. in-18.   3 50

LE SOCIALISME CONTEMPORAIN, par *E. de Laveleye*. 2e édition. 1 vol. in-18 .... 3 50

ANGLETERRE

ALLEMAGNE

AUTRICHE-HONGRIE

ESPAGNE

RUSSIE

SUISSE

LA SUISSE CONTEMPORAINE, par *H. Dixon*. 1 vol. in-18, traduit de l'anglais.. 3 50

HISTOIRE DU PEUPLE SUISSE, par *Daendliker*. Traduit de l'allemand par Mme JULES FAVRE, et précédé d'une introduction de M. JULES FAVRE. 1 vol. in-18 .... 5 »

AMÉRIQUE

LES ETATS-UNIS PENDANT LA GUERRE, 1861-1865. Souvenirs personnels, par *Aug. Laugel*. 1 vol. in-18...... .... 3 50

LUBBOCK. L'homme préhistorique, étudié d'après les monuments et les costumes retrouvés dans les différents pays de l'Europe, suivi d'une Description comparée des mœurs des sauvages modernes, traduit de l'anglais par M. Ed. BARBIER, avec 256 figures intercalées dans le texte. 1876, 2ᵉ éd., considérablement augmentée, suivi d'une conférence de M. P. BROCA sur *les Troglodytes de la Vezère*. 1 beau vol. in-8, broché. 15 fr.
    Cart. riche, doré sur tranches. 18 fr.

LUBBOCK. Les origines de la civilisation. Etat primitif de l'homme et mœurs des sauvages modernes. 1877. 1 vol. grand in-8, avec figures et planches hors texte. Traduit de l'anglais par M. Ed. BARBIER. 2ᵉ édition, 1877. 15 fr.
    Relié en demi-maroquin avec nerfs. 18 fr.

EVANS (John). Les âges de la pierre, instruments, armes et ornements de la Grande-Bretagne. 1 beau volume grand in-8, avec 467 fig. dans le texte, traduit par M. Ed. BARBIER. 1878. Prix, broché. 15 fr.
    Relié en demi-maroquin avec nerfs. 18 fr.

BLANCHARD. Les métamorphoses, les mœurs et les instincts des insectes, par M. Emile BLANCHARD, de l'Institut, professeur au Muséum d'histoire naturelle. 1 magnifique volume in-8 jésus, avec 150 figures intercalées dans le texte et 40 grandes planches hors texte. 2ᵉ édition, 1877. Prix, broché. 25 fr.
    Relié en demi-maroquin. 30 fr.

IMEE (A.). Mon jardin, géologie, botanique, histoire naturelle. 1876. 1 magnifique vol. gr. in-8, orné de 1300 fig. et 52 pl. hors texte. Broché, 15 fr. — Demi-rel., tranches dorées 18 fr.

EVANS (John). L'âge du bronze. 1 vol. in-8, avec 540 figures dans le texte. Broché, 15 fr. — En demi-reliure. 18 fr.

FAU. **Anatomie des formes du corps humain, à l'usage des peintres et des sculpteurs.** 1 vol. in-8 et atlas de 25 planches. 2ᵉ édition, avec figures noires, 20 fr.; figures coloriées.   35 fr.

HUXLEY. **La Physiographie,** introduction à l'étude de la nature. 1 vol. in-8, avec figures dans le texte et 2 planches en couleurs. Broché, 8 fr. — En demi-reliure, tranches dorées.   11 fr.

PIÉTREMENT. **Les chevaux dans les temps préhistoriques et historiques.** 1 vol. in-8.   15 fr.

BIBLIOTHÈQUE HISTORIQUE & POLITIQUE
Volumes in-8, à 5, 7 fr. 50 et 10 fr.

ALBANY DE FONBLANQUE. **L'Angleterre, son gouvernement, ses institutions.** Traduit de l'anglais sur la 14ᵉ édition par M. DREYFUS, avec introduction par M. H. BRISSON. 1 vol. in-8.   5 fr.

BENLOEW. **Les lois de l'histoire.** 1 vol. in-8.   5 fr.

DESCHANEL (E.). **Le peuple et la bourgeoisie.** 1 vol. in-8.   5 fr

DU CASSE. **Les rois frères de Napoléon Iᵉʳ.** 1 vol. in-8.   10 fr.

MINGHETTI. **L'État et l'Église.** 1 vol. in-8.   5 fr.

LOUIS BLANC. **Discours politiques (1848-1881).** 1 vol. in-8.   7 fr. 50

PUBLICATIONS HISTORIQUES ILLUSTRÉES

HISTOIRE ILLUSTRÉE DU SECOND EMPIRE, par Taxile DELORD. 6 vol. in-8 colombier.

Chaque vol., broché, 8 fr. — Cart. doré, tr. dorées.   11 fr. 50

L'ouvrage est complet. On peut se procurer les livraisons de 8 pages au prix de 10 centimes.

HISTOIRE POPULAIRE DE LA FRANCE, depuis les origines jusqu'en 1815. — Nouvelle édition. — 4 vol. in-8 colombier.

Chaque vol., avec gravures, broché, 7 fr. 50. — Cart. doré, tranches dorées, 11 fr.

L'ouvrage est complet. Chaque livraison de 8 pages se vend séparément 15 centimes.